Gotthold Ephraim Lessing

Emilia Galotti

von Sebastian Kaufmann
und Günter Saße

Schroedel Interpretationen Band 28

Druck A 1 / Jahr 2012

Redaktion: Dr. Hans-Georg Schede
Reihentypografie: Thomas Schröder, Braunschweig
Satz: Ira Petersohn, Ellerbek
Repro: westermann druck GmbH, Braunschweig
Druck: pva, Druck und Medien-Dienstleistungen GmbH, Landau
Titelbild: Regine Zimmermann als Emilia Galotti und Sven Lehmann als Prinz Hettore Gonzaga in Michael Thalheimers Inszenierung von Gotthold Ephraim Lessings »Emilia Galotti« am Deutschen Theater Berlin (Premiere: 27. September 2001). Foto: Iko Freese / DRAMA

ISBN 978-3-507-47724-7

Einführung

Mit Lessing fängt die ›lebendige‹ deutsche Literaturtradition eigentlich an. Die meisten früheren deutschsprachigen Werke sind in der Regel nur noch für Literaturwissenschaftler interessant, der ›bloße‹ Literaturliebhaber lässt sie jedoch unbeachtet. Lessings Dramen sind dagegen noch immer auf den Theaterbühnen präsent. Dies gilt vor allem auch für seine ständekritische Tragödie *Emilia Galotti*, die 1772 vollendet und uraufgeführt wurde. Mit ihr sowie dem schon 1755 erschienenen Stück *Miss Sara Sampson* etablierte Lessing in Deutschland den neuen Dramentyp des bürgerlichen Trauerspiels, der sich rasch als überaus erfolgreich erwies. Dass *Emilia Galotti* heute noch regelmäßig gespielt wird, obwohl die zugrunde liegende Thematik absolutistischer Herrscherwillkür inzwischen nicht mehr aktuell ist, verdankt sich dem auch in unserer Gegenwart noch nachvollziehbaren Problembewusstsein, mit dem Lessing Familienkonstellationen und Liebesbeziehungen gestaltet – und das in einem für damalige Verhältnisse überaus modernen Sprachgebrauch, der schon von seinen Zeitgenossen als ungewöhnliche Leistung erkannt wurde. Lessings dramatische Sprache ist klar, variantenreich und pointiert, zugleich konkret, witzig und auch oft mit umgangssprachlichen Elementen versehen. Selbst die jungen Stürmer und Dränger, die sich auf den ersten Blick so deutlich von Lessing abgrenzen, sind als Dramenautoren von ihm beeinflusst, sofern sie in der Thematik und in der Sprachgestaltung radikalisierten, was bei ihm einen ersten Höhepunkt erreichte: die familienzentrierte Problemorientierung und die pointierte Dialogführung, die sich an *Emilia Galotti* geradezu exemplarisch betrachten lassen.

Auch wenn das Drama dem bürgerlichen Trauerspiel zugeordnet wird – Lessing selbst bezeichnete es noch nicht ausdrücklich als solches –, so griffe man doch interpretatorisch zu kurz, wenn man seine Thematik allein in dem Ständekonflikt sehen und Lessings Intention ausschließlich auf die Kritik an fürstlichem Machtmissbrauch festlegen wollte. Zwar greift der Prinz in die Sphäre der Familie über, lässt Emilia am Tag ihrer Hochzeit entführen und kommt am Ende sogar ungeschoren davon. Doch das ist nur die eine Hälfte des Dramengeschehens, denn bei genauerem Hinsehen erweist sich auch die anti-höfische Existenzform der Galottis als defizitär. Das zeigt sich insbesondere im Schlussdialog von Vater und Tochter: Emilia kann sich am Ende des Dramas nicht mehr auf den Schutz der Familie verlassen, und auch ihre eigene Tugendhaftigkeit wird ihr fraglich. So ist der Tod für sie die einzig mögliche Rettung, das Jenseits wird ihr zum letzten Fluchtraum. Es löst gleichsam die Täler von Piemont ab, die bislang als Sehnsuchtsort für das Brautpaar fungierten, das sich aus dem gesellschaftlichen Getriebe in die Idylle eines zurückgezogenen Daseins zu retten suchte. Wenn aber die Selbstzerstörung die einzige Möglichkeit zur Wahrung der anti-höfischen Werte ist, dann stellt sich die Frage nach dem Sinn solcher Tugenden, die sich nicht zu behaupten wissen. Damit übt Lessings Drama letzten Endes nicht nur Kritik an der Herrscherwillkür seiner Zeit, sondern auch an den Wertorientierungen eines gesellschaftsfernen Tugendrigorismus, wie ihn die bürgerliche Ideologie im Gegenzug zur adligen Existenzweise vertrat.

Die Quellen sowie die im vorliegenden Text mithilfe von Kürzeln zitierten Werke werden in der Auswahlbibliographie am Ende des Bands nachgewiesen. Zitate aus dem Drama selbst erfolgen unter der Angabe von Aufzug, Auftritt und Seitenzahl nach der im Schroedel Verlag erschienenen Ausgabe, die ebenfalls in der Bibliographie aufgeführt ist.

I Biographische und zeitgeschichtliche Einflüsse

1 Biographischer Zusammenhang

Als die Tragödie *Emilia Galotti* im März 1772 abgeschlossen und gleich darauf am Braunschweiger Hoftheater aufgeführt wurde, hatte Lessing zwar bereits sein 43. Lebensjahr vollendet, aber erst zwei Jahre zuvor eine feste Stelle als Hofbibliothekar des Herzogs von Braunschweig in dessen Wolfenbütteler Bibliothek angetreten. Doch war dies keine bedeutende Anstellung; immer noch hatte Lessing Geldsorgen, musste er zusehen, dass er über die Runden kam. Lange ersuchte er um eine Gehaltsaufbesserung, die ihm erst nach einigen Jahren gewährt wurde. Als er dann 1776 eine Ehe mit Eva König einging, dauerte diese nur ein gutes Jahr. Lessings Frau starb im Wochenbett, wenige Tage nach ihrem gleich nach der Geburt gestorbenen Sohn. Dieses unglückliche Ereignis ist symptomatisch für Lessings gesamte Biographie. Von einer Erfolgsgeschichte kann man bei ihm nur im Hinblick auf seinen geistigen Werdegang und seine schriftstellerische Tätigkeit sprechen; materiell, aber auch psychisch hat er viel gelitten.

Am 22. Januar 1729 kam Lessing als drittes Kind des lutherischen Pastors Johann Gottfried Lessing und seiner Frau Justina Salome, geborene Fuller, in der sächsischen Kleinstadt Kamenz in der Oberlausitz zur Welt. Schon früh war er mit religiösen Inhalten vertraut, sein Vater unterrichtete ihn in der Religion, das tägliche Gebet war selbstverständlich, der Katechismus allgegenwärtig, wie sein erster Biograph, Lessings jüngerer Bruder Karl Gotthelf (1740–1812), schreibt. So machte Lessing unter Anleitung seines theologisch gebildeten, wissenschaftlich tätigen und frommen Vaters seine ersten Bildungsschritte. Hierbei mag auch der Grundstein für die Bücherleidenschaft gelegt worden sein, der er in späteren Jahren, bis hin zu seiner Bibliothekarstätigkeit in Wolfenbüttel, immer wieder frönte. Nicht von ungefähr hat ein anonymer Maler, der den siebenjährigen Lessing mit einem Bruder nach der Phantasie gestaltete, den Bruder mit einem Schaf, Lessing aber mit einem Bücherstapel dargestellt.

Von Juni 1741 an besuchte Lessing die renommierte Fürstenschule St. Afra in Meißen, wo er Latein und Griechisch lernte, das Neue Testament studierte und mit den Anfangsgründen der Naturwissenschaft bekannt gemacht wurde. Besonders intensiv beschäftigte er sich mit den römischen Autoren Theophrast, Plautus und Terenz. Lessing war ein eifriger Schüler, der ungeheure Stoffmengen aufzunehmen vermochte. So soll der Rektor der Fürstenschule einmal zu Lessings Vater gesagt haben, sein Sohn sei wie »ein Pferd, das doppeltes Futter haben muß. Die Lektiones die andern zu schwer werden, sind ihm kinderleicht. Wir können ihn fast nicht mehr brauchen.« (Zitiert nach Daunicht, S. 18)

Als Lessing die Schule im Juni 1746 verließ, war er 17 Jahre alt. Seine Abschlussrede hielt er auf Latein über die Mathematik der Barbaren. Unmittelbar darauf ging er zum Studium der Theologie nach Leipzig, wie es sein Vater gewünscht hatte. Leipzig war damals eine der attraktivsten Städte Deutschlands, ein künstlerisches und intellektuelles Zentrum, wo Lebensstil und Eleganz zu Hause waren, weshalb es häufig als Klein-Paris bezeichnet wurde. Zu Lessings Zeiten hatte Leipzig fast 30 000 Einwohner, und zur Oster- und Herbstmesse kamen noch außerordentlich viele Besucher aus verschiedenen Ländern hinzu, sodass hier eine gewisse Weltläufigkeit herrschte. Auch auf dem Gebiet der Kultur, Literatur und Gelehrsamkeit war Leipzig eine der führenden Städte im

Frei erfundenes Kinderbild von Lessing (mit Büchern) und seinem Bruder Theophilus aus späterer Zeit von unbekannter Hand.

Deutschen Reich. Beinahe ein Drittel aller deutschsprachigen Bücher wurde in Leipzig verlegt, hinzu kamen noch viele Übersetzungen von Werken anderssprachiger europäischer Autoren. Die Leipziger Universität gehörte zu den besten in ganz Europa.

Doch Lessing hat nie ernsthaft Theologie studiert, sondern sich stärker der Philosophie gewidmet; besonders intensiv aber beschäftigte er sich mit der Literatur und interessierte sich für kulturelle, sprachliche und ästhetische Phänomene. Ihm erging es wie vielen anderen Pastorensöhnen zur damaligen Zeit: Sie fingen an, Theologie zu studieren, brachen dann aber relativ rasch ihr Studium ab, um sich anderen Dingen, insbesondere schöngeistigen, zuzuwenden. Diesen Weg haben zahlreiche bedeutende Literaten zurückgelegt. Das protestantische Pfarrhaus fungiert so als Keimzelle einer neuen, am Buch ausgerichteten bürgerlichen Kultur. Entsprechend sind neben Lessing auch Gottsched, Bodmer, Gellert, Wieland, Lichtenberg, Claudius, Bürger, Hölty und Lenz Kinder aus Pfarrhäusern, die zunächst evangelische Theologie studierten, sich dann aber zunehmend für literarische Dinge interessiert haben. Auch Lessing war voller Neugier, hielt sich nicht an einen festen Lehrplan, sondern suchte überall Wissen zu erlangen, das sich vorgegebenen Schablonen entzog. Vor allem das Theater hatte es ihm angetan. Insbesondere besuchte er immer wieder Aufführungen der Truppe von Caroline Neuber (1697 bis 1760), die sich unter der theoretischen und praktischen Anleitung Johann Christoph Gottscheds (1700–1766) darum bemühte, das Theaterspielen von der Anrüchigkeit einer Jahrmarktsattraktion zu befreien, um es zu einer moralischen und kulturellen Erziehungsanstalt zu machen.

Im Brief vom 20. Januar 1749 an seine Mutter berichtete Lessing über seinen Leipziger Entwicklungsgang:

> Ich lernte einsehen, die Bücher würden mich wohl gelehrt, aber nimmermehr zu einen Menschen machen. Ich wagte mich von meiner Stube unter meines gleichen. [...] Ich lernte tanzen, fechten, voltigieren. Ich will in diesen Briefe meine Fehler aufrichtig bekennen, ich kann auch also das gute von mir sagen. Ich kam in diesen Übungen so weit, daß mich diejenigen selbst, die mir in Voraus alle Geschicklichkeit darinnen absprechen wollten, einigermaßen bewunderten. Dieser gute Anfang ermunterte mich heftig. Mein Körper war ein wenig geschickter geworden, und ich suchte Gesellschaft, um nun auch leben zu lernen. Ich legte die ernsthaften Bücher eine zeitlang auf die Seite, um mich in denjenigen umzusehn die weit angenehmer, und vielleicht eben so nützlich sind. Die Comoedien kamen mir zur erst in die Hand. Es mag unglaublich vorkommen,

> wem es will, mir haben sie sehr große Dienste getan. […] Ich lernte daraus eine artige und gezwungne, eine grobe und natürliche Aufführung unterscheiden. Ich lernte wahre und falsche Tugenden daraus kennen, und die Laster eben so wegen ihres lächerlichen als wegen ihrer Schändlichkeit fliehen. Habe ich aber alles dieses nur in eine schwache Ausübung gebracht, so hat es gewiß mehr an andern Umständen als an meinem Willen gefehlt. Doch bald hätte ich den vornehmsten Nutzen, den die Lustspiele bei mir gehabt haben, vergessen. Ich lernte mich selbst kennen, und seit der Zeit habe ich gewiß über niemanden mehr gelacht und gespottet als über mich selbst. (FA, Band 11/1, S. 15 f.)

Lessings langer Brief an seine Mutter lässt sich als Absage an die väterliche Welt der bloßen Buchgelehrsamkeit deuten. Er wurde schriftstellerisch tätig, verfasste nach den theoretischen Vorgaben von Gottscheds *Critischer Dichtkunst* (1730) eine Reihe von Typenkomödien, in denen überzeichnete Charaktere dem Verlachen preisgegeben werden, und gewann, indem er das Stück *Der junge Gelehrte* schrieb, Selbstdistanz. Im Medium dieser Komödie erfand er sich gleichsam neu, indem er sich als Autor über eine Haltung weltfremder Gelehrsamkeit lustig machte, die ihm selbst nicht fremd war. Lessings energischer Schritt zur Selbsterziehung mithilfe der Literatur stellt ein eindeutiges Bekenntnis zum Leben, zur Gesellschaft, zur Welt dar. Er begann mit Übungen in körperlicher Gewandtheit, um die physischen Voraussetzungen für den Wandel zu schaffen, und suchte sodann den geselligen Umgang, »um nun auch leben zu lernen«.

Nach einer kurzen Zwischenstation im provinziellen Wittenberg, wo sich Lessing kurzzeitig der Medizin zuwandte, kam er 1748 nach Berlin, um dort 1751 als Nachfolger seines

Vetters Christlob Mylius die Redaktion des Rezensionsteils der *Berlinischen Privilegirten Zeitung* zu übernehmen. Zuvor hatte er in den Jahren 1749 und 1750 noch weitere Lustspiele (*Die Juden, Der Freigeist, Die alte Jungfer, Der Schatz*) sowie das Tragödienfragment *Samuel Henzi* geschrieben, außerdem einen Essay über den Dichter Plautus verfasst und die Theaterzeitschrift *Beiträge zur Historie und Aufnahme des Theaters* begründet. Darüber hinaus übersetzte er aus dem Französischen und entfaltete eine rege publizistische Tätigkeit, mit der sich einen Namen in gebildeten Kreisen machte. In Berlin lernte er seine beiden fortan wichtigsten Freunde kennen: den Literaten und Verleger Friedrich Nicolai (1733–1811) und den autodidaktischen Philosophen Moses Mendelssohn (1729–1786). Nicolai erinnerte sich später folgendermaßen an die gemeinsame Berliner Zeit:

> Ich fand bey Lessing, vom Anfange an, einen starken Berührungspunkt in Absicht auf unsere beiderseitige Liebe zur Literatur und Bücherkenntniß. Wenn wir nun beide in Moses Gegenwart über historische Sachen disserirten, lachte er gemeiniglich, besonders wenn es gelehrte Geschichte betraf, wovon er eine sehr geringe Meinung hegte. [...] Lessing, wenn er sich in Berlin aufhielt, war sehr oft der Dritte in unsern philosophischen Unterhaltungen, und sie wurden noch lebhafter durch ihn, weil er im Disputiren die Art hatte, entweder die schwächste Partie zu nehmen, oder wenn jemand das Dafür vortrug, sogleich mit seltenem Scharfsinne das Darwider auszusuchen. (Zitiert nach Daunicht, S. 71 f.)

Insbesondere das Interesse am Theater, nicht zuletzt die Frage nach seinem Nutzen, verband die drei und führte zu ihrem berühmten Briefwechsel über das Schauspiel, in dem Lessing

Gotthold Ephraim Lessing (1729 bis 1781). 1771 entstandenes Porträt von Anton Graff (1736 bis 1813).

seine (später dann in der *Hamburgischen Dramaturgie* um die Furcht-Dimension erweiterte) Mitleidspoetik entwarf. Schon zwischen 1753 und 1755 wurde eine erste, sechsbändige Sammlung von Lessings Schriften herausgegeben, die neben den Jugendlustspielen, Gedichten, Briefen und Essays auch das bürgerliche Trauerspiel *Miss Sara Sampson* enthielt, das Lessing in kürzester Zeit aus Anlass einer Wette schrieb, die er sicherlich gewonnen hat: Er hatte behauptet, er könne ein Werk schaffen, das das Publikum zu Tränen rühren würde, und die Rezeptionsdokumente berichten davon, dass die Zuschauer während der Aufführung in der Tat wahre Tränenströme vergossen haben.

1755 ging Lessing erneut nach Leipzig, um von dort aus den reichen Patriziersohn Christian Gottfried Winkler gegen Bezahlung auf eine mehrjährige Europareise zu begleiten. Doch nach Ausbruch des Siebenjährigen Krieges musste die

Reise schon nach einigen Monaten wieder beendet werden. Lessing kehrte zurück nach Leipzig, machte dort die Bekanntschaft mit dem Major und Schriftsteller Ewald von Kleist und lernte durch dessen Vermittlung den General Friedrich Bogislaw von Tauentzien kennen, dessen Sekretär er später wurde. Nachdem Lessing zwischen Mai 1758 und Ende 1760 erneut in Berlin schriftstellerisch tätig gewesen war, verbrachte er als Sekretär des Stadt- und Festungskommandanten von Tauentzien einige Jahre im schlesischen Breslau, wo er eine starke Leidenschaft für das Glücksspiel entwickelte und sich weiter seinen literarischen Interessen widmete, allerdings über vier Jahre so gut wie nichts publizierte.

Im Frühjahr 1765 verließ Lessing Breslau, um wiederum nach Berlin zu gehen und dort als freier Schriftsteller erneut eine unsichere Existenz zu führen. Ostern 1766 erschien seine große kunsttheoretische Abhandlung *Laokoon, oder über die Grenzen der Malerei und Poesie*, die neben Johann Joachim Winckelmanns (1717–1768) Schriften zu den wichtigsten Dokumenten des deutschen Frühklassizismus gehört. Auch wenn Lessing immer starke Abneigungen gegen ein Amt hatte, dem er sich beugen sollte, fiel es ihm doch zunehmend schwer, die mit seiner freiberuflichen Existenz verbundene wirtschaftliche Unsicherheit zu ertragen. Auch klagte er häufiger über mangelnde Anerkennung. 1766 erhielt er allerdings ein Angebot des neuen Nationaltheaters in Hamburg, als hauseigener Kritiker die Aufführungen zu besprechen. So entstand die *Hamburgische Dramaturgie,* in der Lessing analysierend und kommentierend das Hamburger Bühnengeschehen begleitet, aber auch allgemeine Überlegungen über Sinn und Zweck des Dramas anstellt. Auf der Hamburger Bühne wurde zudem sein Stück *Minna von Barnhelm, oder das Soldatenglück* uraufgeführt. Neben seiner Tätigkeit am Nationaltheater hoffte er seine finanzielle Situation auch dadurch zu verbessern, dass er mit Johann Joachim Christoph Bode (1731–1793) eine Verlagsbuchhandlung gründete, für die er sogar seine private Bibliothek verkaufte. Doch sowohl seine Anstellung am Nationaltheater als auch sein Engagement im Bode'schen Verlag waren von kurzer Dauer.

Am 7. Mai 1770 trat Lessing schließlich die Stelle als Bibliothekar in Wolfenbüttel an, wo er bis zu seinem Tod blieb. Zwar wurde er nicht sonderlich gut bezahlt, aber die Bestände der Bibliothek mit über 200 000 Bänden waren für die damalige Zeit außerordentlich. Lessing fühlte sich in der provinziellen Kleinstadt dennoch unwohl, er empfand die Verhältnisse als drückend. Ein gesellschaftliches Leben existierte nicht, da der Hof schon vor längerer Zeit nach Braunschweig umgezogen war. Dorthin reiste Lessing häufiger, um mit Freunden den intellektuellen Disput zu pflegen. In Wolfenbüttel selbst lebte er zurückgezogen; er verfasste zahlreiche Werke, beschäftigte sich mit theologischen Problemen, führte eine publizistische Fehde mit dem Hamburger Pastor Johann Melchior Goeze (1717–1786) über das Verhältnis von Geist und Buchstabe in der Bibel, schrieb die Freimaurergespräche *Ernst und Falk* und krönte sein Werk 1779 mit dem großen Versöhnungsdrama *Nathan der Weise*.

Während seiner Wolfenbütteler Zeit, unmittelbar vor der Heirat mit Eva König, unternahm Lessing eine große Reise, die ihm verdeutlichte, welch außerordentliche Wertschätzung er im Ausland genoss. So empfing ihn der österreichische Kaiser Josef, und in Rom unterhielt er sich mit dem Papst. Für Lessing war seine Reise nach Italien allerdings mehr eine lästige Notwendigkeit, innerlich hat sie keine dauerhafte Spur hinterlassen. Aus Italien zurückgekehrt, heiratete er dann Eva König, die zu ihm nach Wolfenbüttel übersiedelte. Als sie aber schon zu Beginn des Jahres 1778 im Wochenbett starb, fiel er in eine tiefe Depression. Seine Briefe vom 31. Dezember 1777

Totenmaske Lessings, abgenommen am Tag nach Lessings Tod von dem Braunschweiger Münzgraveur Christian Friedrich Krull.

sowie vom 10. Januar 1778 an Johann Joachim Eschenburg belegen, dass Lessing seine Lebensfreude verloren hatte: »Meine Frau ist tot: und diese Erfahrung habe ich nun auch gemacht. Ich freue mich, daß mir viel dergleichen Erfahrungen nicht mehr übrig sein können zu machen, und bin ganz leicht.« (FA, Band 12, S. 119) Doch dieses Gefühl der ›Leichtigkeit‹ ist nur die Überschreibung dafür, dass er innerlich leer war, alle emotionale Verbindung zu den Mitmenschen und zur Welt verloren hatte. Die letzten Jahre in Wolfenbüttel waren für Lessing überaus qualvoll. Bereits 1774 schrieb er an Karl Wilhelm Ramler: »Mit mir ist es aus; und jeder dichterische Funken, deren ich ohnehin nicht viel hatte, ist in mir erloschen.« (Brief vom 12. November; FA, Band 11/2, S. 672 f.) Lessing fühlte sich anachronistisch, die neue Bewegung des Sturm und Drang blieb ihm fremd. Am 15. Februar 1781 starb Lessing in Braunschweig.

2 Zeitgeschichtlicher Hintergrund

Emilia Galotti spielt nicht im Deutschland des 18. Jahrhunderts, sondern im Italien der Spätrenaissance, sogar an historischen Schauplätzen: Die norditalienische Stadt Guastalla befand sich von 1539 bis 1746 unter der Herrschaft der Gonzagas. Sabionetta liegt nördlich von Guastalla, im 17. Jahrhundert prozessierten die Gonzagas um den Besitz der kleinen Stadt, worauf im Drama angespielt wird (vgl. I,4, S. 15). Der Weg von Guastalla nach Sabionetta führt tatsächlich direkt an Dosalo vorbei; offensichtlich hat Lessing die Landkarte genau studiert. Neben Gonzaga sind überdies auch Appiani, Orsina und Galotti historische Familiennamen.

Ungeachtet dieser Anlehnung an authentische Verhältnisse stehen jedoch keine konkreten historischen Personen hinter den Figuren in Lessings Stück, es handelt sich also nicht etwa um ein Geschichtsdrama. Vielmehr ist die ständekritische Thematik von *Emilia Galotti* gerade auch im Hinblick auf die zeitgenössischen Verhältnisse im Deutschen Reich brisant, was das historische Kolorit – wohl um der Zensur zu entgehen – in gewisser Weise überdeckt. Letztlich verweist der Konflikt zwischen der Familie Galotti und dem Prinzen Gonzaga aber auf eine Konfrontation der unterschiedlichen Wertesysteme des Bürgertums und des Adels, die es in dieser Gegensätzlichkeit erst seit dem 18. Jahrhundert gab. Denn ein bürgerliches Selbstverständnis, das sich durch seine Abgrenzung von der adligen Lebensweise bestimmt, entsteht in Deutschland wie im restlichen Europa überhaupt erst in der Epoche der Aufklärung. Um dies zu verdeutlichen, sollen im Folgenden die entsprechenden sozialgeschichtlichen Entwicklungen, wie sie Lessing vor Augen standen, skizziert werden.

Von der historischen Realität Deutschlands im 18. Jahrhundert ein klares Bild zu zeichnen, ist außerordentlich schwierig.

Dazu war das Deutsche Reich, zu dessen Gebiet sogar Länder gehörten, in denen keine Deutschen lebten, viel zu heterogen: Es bestand aus zahlreichen kleineren und größeren Fürstentümern beziehungsweise Königreichen, die nur lose zusammenhingen. So gab es keine deutsche Hauptstadt, auch keine gemeinsame deutsche Politik, keine einheitliche deutsche Währung, nur partiell eine gemeinsame deutsche politische Geschichte, und konfessionell war das Land ebenfalls gespalten. Vor allem im Südwesten glich die politische Landkarte einem bunten Flickenteppich. So war das Deutschland des 18. Jahrhunderts ein vielschichtiges Gefüge, das sich national, religiös, geographisch, rechtlich und ökonomisch differenzierte. Aussagen, die in genereller Absicht über die sozialen und kulturellen Verhältnisse im damaligen Deutschland getroffen werden, sind daher nur grob strukturierende Hilfskonstruktionen, bestenfalls in der Tendenz richtig; denn die territorialen Unterschiede waren gravierend: Was im protestantischen Norden an Leitbildern und Handlungsmaximen propagiert wurde, konnte im katholischen Süden ignoriert oder sogar bekämpft werden; städtische Bewohner standen neuen Entwicklungen aufgeschlossener gegenüber als die Mehrzahl der Bevölkerung, die auf dem Land lebte. Und auch die Stadt selbst war in ihrer Typenvielfalt von der Residenz- über die Universitäts- bis hin zur patrizischen Handelsstadt kein einheitliches Phänomen.

Der Absolutismus als Regierungsform, die – wie der Name sagt – die Macht in der Person des Fürsten konzentrierte, war wie in Frankreich auch in Deutschland die herrschende politische Ordnung. Aber auch hier bestanden wiederum erhebliche Unterschiede in der konkreten Herrschaftsausübung: Wo in einem Gebiet ein aufgeklärter Fürst Reformen von oben beförderte, da konnte in einem anderen Gebiet ein despotischer Fürst alles aufklärerische Denken im Keim zu ersticken suchen; und nur in Preußen konnte sich der Absolutismus überhaupt in größerem Stil ausbilden. Im Zuge der konsequenten Verfolgung macht- und expansionspolitischer Ziele fand eine umfassende Militarisierung und Bürokratisierung statt, die nicht nur Preußen, sondern ganz Deutschland für lange Zeit charakterisieren sollte. In diesem Zusammenhang ist auf Friedrich den Großen (1712–1786, Regierungszeit 1740–1786) hinzuweisen. Friedrich II., der von vielen als Philosophenkönig begrüßt wurde, hatte Preußen zwar zu einem Zentrum der Aufklärung gemacht, allerdings der von ihm favorisierten französischen Aufklärung. Julien Offray de La Mettrie (1709–1751) und Voltaire (1694–1778) lebten lange in seinem Umfeld. Von der deutschen Aufklärung und Literatur hingegen hielt Friedrich II. nicht viel. So ist es kein Wunder, dass sich zwischen ihm und den deutschen Intellektuellen eine ständig größer werdende Kluft auftat, zumal der König zunehmend misanthropisch wurde und damit in einen starken Gegensatz zum optimistischen Menschenbild der deutschen Spätaufklärung trat.

Es sei noch auf ein paar allgemeine Tendenzen hingewiesen, die in gleichgerichteter Weise, wenn auch unterschiedlich intensiv, in den einzelnen Regionen wirksam waren. Insgesamt kommt es während des 18. Jahrhunderts zu einer deutlichen Bevölkerungszunahme im Reichsgebiet. Nach dem Dreißigjährigen Krieg war die Bevölkerung sehr stark zurückgegangen, doch zwischen 1720 und 1750 erreicht die Gesamtbevölkerung mit 15 bis 17 Millionen Personen wieder den Stand vom Beginn des 17. Jahrhunderts. Spektakulär ist der Bevölkerungsanstieg allerdings nicht; erst in der zweiten Hälfte des 18. Jahrhunderts gibt es ein stärkeres Bevölkerungswachstum, sodass man gegen Ende des Jahrhunderts mit circa 25 Millionen Personen rechnen kann. Auch wenn es dabei zu einer gewissen Verstädterung kam, lebte doch weiterhin der größte Teil der Bevölkerung (circa 90 Prozent) auf dem Land. Das kulturelle Geschehen spielte sich in wenigen großen deutschen Städten wie Leipzig (circa 30 000 Einwohner), Hamburg (circa 90 000 Einwohner) und Berlin (circa 100 000 Einwohner) ab, die nicht von ungefähr zeitweilig auch Lessings Wohnorte waren.

Wenn man bedenkt, dass viele der Stadtbewohner Analphabeten waren und die meisten als Kleingewerbetreibende, Händler oder Angehörige von Zünften keineswegs am kulturellen Leben teilnahmen, bekommt man eine Vorstellung, wie klein die kulturelle Trägerschicht im 18. Jahrhundert ist.

Vielfach war in den evangelischen Territorien der Bildungsstand deutlich höher als in den katholischen Gebieten; die Reformuniversitäten befanden sich im pietistischen Halle und im protestantischen Göttingen. Auch außerhalb der Universitäten gab es Bildungsbestrebungen, die sich etwa in Zeitschriften und Lesezirkeln manifestierten. Eine mittelständische Intelligenz, deren Zahl sicherlich nicht mehr als ein paar tausend Personen umfasste, hatte für sich den Stellenwert von

---

Dieses gelehrte Völkchen von Lehrern und Lernenden, das etwa 20 000 Menschen stark ist, verachtet die übrigen 20 Millionen Menschen, die außer ihnen deutsch reden, so herzlich, daß es sich nicht die Mühe nimmt, für sie zu schreiben; und wenn es zuweilen geschiehet, so riecht das Werk gemeiniglich dermaßen nach der Lampe, daß es niemand anrühren will. Die zwanzig Millionen Ungelehrten vergelten den 20 000 Gelehrten Verachtung mit Vergessenheit; sie wissen kaum, daß die Gelehrten in der Welt sind.

Auszug aus Friedrich Nicolais »Das Leben und die Meinungen des Herrn Magisters Sebaldus Nothanker« (1773). Kritische Ausgabe. Herausgegeben von Bernd Witte. Stuttgart: Reclam Verlag 1991, S. 87.

Bildung und Ausbildung als Vehikel der sozialen und moralischen Emanzipation erkannt. Diese kleine kulturtragende Schicht entwickelte revolutionär zu nennende Ideen über kindgemäße Erziehung, über den rechten Umgang mit Literatur, über die Funktion des Wissens für das Leben, über eine kontrollierte Verstandesausbildung und so fort. Auch die Frauen wurden in die Bildungsprogrammatik einbezogen: Man erklärte sie, wie es Gottsched in seiner moralischen Wochenschrift *Die vernünftigen Tadlerinnen* (1725/26) propagierte, zu bildungsfähigen Wesen, die nicht nur in den alltäglichen Verrichtungen geschickt zu sein, sondern überdies ihren Verstand auszubilden hätten – eine Sichtweise, die von Lessing geteilt wurde, wie sich auch an seinen Dramen zeigt. So sind einige seiner berühmtesten weiblichen Figuren wie zum Beispiel die Titelheldin des Lustspiels *Minna von Barnhelm* oder die Gräfin Orsina aus *Emilia Galotti* Frauen, die sich in aufgeklärter Weise ihres Verstandes bedienen.

Wie gesagt: Der Kreis der aufgeklärten Gesellschaft bestand zunächst nur aus wenigen Tausenden. Es waren Bürger neuen Typs, die in der überkommenen ständischen Gliederung keinen festen Ort mehr hatten, sondern sich in der noch weitgehend verkrusteten Gesellschaft einen neuen Platz suchen mussten. Auf diese Weise tritt neben die weiterhin fortbestehende statische Sozialhierarchie, in der landlose Knechte, landbesitzende Bauern, Leibeigene und Mitglieder der Zunft, Landadlige und herrschende Adlige ihren von den Vorfahren ererbten, ›gottgewollten‹ Platz hatten, zunehmend die Mobilität neuer Schichten. Deren Angehörige sind in Berufen tätig, die tendenziell die alte Ständeordnung neutralisieren: als Pfarrer, Kaufmann, Verwaltungsbeamter, Professor oder Literat. Gemessen an der Macht althergebrachter Traditionen besteht diese kleine Bildungselite aus traditionsnegierenden Außenseitern, die in keiner ständischen Gruppierung fest verankert sind. Nicht von dieser her beziehen sie ein *Gruppenbewusstsein*, sondern aus sich selbst beziehen sie ihr *Selbstbewusstsein*. Ihre Identität gründet nicht auf dem ständischen Geburtsprinzip, sondern auf individuellen Eigenschaften und Leistungen. Infolgedessen schwindet jener Wert, der die Identität ständischer Personen grundlegend prägt, nämlich die Ehre des Personenverbands, dem sie angehören. An die Stelle der Standesehre tritt die aufgrund von individueller Leistung personal erworbene Ehre, die das durch Vernunft und Gefühl bestimmte bürgerliche Individuum auszeichnet. Diese neue, individualistische Orientierung ist für das ganze 18. Jahrhundert prägend geworden, unabhängig davon, mit welchen rationalistischen, empfindsamen oder stürmerisch-drängerischen Ideen sie jeweils konkret ausgestaltet wurde. Das moderne bürgerliche Leistungsprinzip und die moderne Auffassung vom autonomen Individuum entstehen und verbreiten sich in dieser Zeit.

Die Proklamation des autonomen Individuums, das sich nicht durch seine Herkunft, sondern durch seine Vernunft und sein Gefühl als eigenständiges Subjekt definiert, ist nicht nur ein Verfahren der Selbstlegitimation des neuen, mobilen Bürgertums. Sie dient auch zur Entwertung der altständischen Gesellschaft insgesamt und zur Abgrenzung nach unten und oben: nach unten gegenüber den kleinen Handwerkern und Gewerbetreibenden sowie den außerständischen Gruppen, dem damals sogenannten Pöbel; nach oben gegenüber dem mächtigen Patriziat der freien Reichsstädte und dem privilegierten Land- und Residenzadel. Zugleich soll mit der Betonung der individuell zurechenbaren Leistung gegenüber der geburtsständischen Abkunft eine neue Wertehierarchie errichtet werden, eine Bewertungsskala, der sich auch die Adligen zu unterwerfen haben – Chancengleichheit ist die implizite Forderung, die freilich nie verwirklicht wird.

Die mittelständische Intelligenz mochte noch so sehr auf Kenntnisse und Leistung pochen, die sozialen Verhältnisse garantierten keineswegs ihren Erfolg. In aller Regel hatten es die Angehörigen dieser neuen bürgerlichen Gruppierung sehr schwer, auf der Karriereleiter nach oben zu steigen, denn im 18. Jahrhundert gab es für Theologen, Philosophen, Philologen und Juristen keine geregelten beruflichen Laufbahnen. Nach dem Studienabschluss mussten sie sich häufig eine Stelle als Hofmeister in einem reichen, meist adligen Haushalt suchen. Sie waren oft schlecht bezahlte, gepeinigte Domestiken, die bei ihrem adligen Patronatsherrn um Wohlwollen zu betteln hatten, damit dieser sie für eine Stelle empfahl. Jakob Michael Reinhold Lenz (1751–1792), ein Dramatiker des Sturm und Drang, hat in seiner Tragikomödie *Der Hofmeister oder die Vorteile der Privaterziehung* (1774) ein durchaus zutreffendes Bild dieser Hofmeisterexistenz gezeichnet.

Eine schnelle Antwort auf die Frage, wer die Trägerschicht der Aufklärungsbewegung in Deutschland sei, ist also nicht damit gegeben, dass man sagt: das aufsteigende Bürgertum. Es ist weder sinnvoll, das Bürgertum als einen Stand oder als eine Klasse – im Sinne eines klar definierbaren Teils des sozialen Gefüges – zu bezeichnen, noch lässt sich behaupten, dass das Bürgertum als Ganzes aufgestiegen ist. Nicht weil sie einen hohen sozialen Rang innehaben, formulieren diese neuen Bürger eine neue Weltanschauung, sondern häufig genug fungiert der neue Wertekanon als Kampfinstrument gegen die etablierten Schichten, die sich einem Leistungswettbewerb stellen sollen, statt sich durch überkommene Privilegien gegenüber der Konkurrenz der mittelständischen Intelligenz zu schützen. Andererseits lässt sich diese neue Weltanschauung – besonders in der Empfindsamkeit, in der mit dem Gefühl ein wahrer Kult getrieben wird – auch als Kompensation der verwehrten sozialen Karriere deuten.

Christian Wolff (1679–1754), der philosophische Hauptrepräsentant der Frühaufklärung, und nach ihm Gottsched, ihr literarischer Hauptrepräsentant, hatten prägenden Einfluss auf viele andere Aufklärer der ersten Phase, die versuchten, die ständische Gesellschaft durch Pädagogik zu reformieren. Während in der Ständegesellschaft die Hierarchie der Menschen als gottgewollt ausgegeben wurde, muss sich jetzt die Ordnung der Gesellschaft vor der Vernunft legitimieren. Unter dieser Voraussetzung sind alle Menschen prinzipiell gleich – sie unterscheiden sich nicht nach Geburt und Stand, sondern nur durch den unterschiedlichen Grad an Vernunftteilhabe. Als die Aufklärung aus ihrer rationalistischen Phase in die empfindsame übergeht, zählt dann nicht mehr primär die Vernunft des Menschen, sondern seine Herzenskraft. Doch wichtiger als dieser Unterschied ist die von Vertretern des Rationalismus wie der Empfindsamkeit geteilte Überzeugung, dass alle Menschen im Prinzip gleich sind. Festzuhalten ist, dass die neue, aufgeklärte Gesinnung einen überständischen Charakter hatte. Der Mensch wurde erstmals als Einzelwesen betrachtet – genauer: als Person, die in der Familie durch eine auf die Eigenarten der Kinder eingehende Erziehung Individualität erlangt.

Damit sind auch schon die Veränderungen in der Familienkonzeption angesprochen, die sich im 18. Jahrhundert zunächst stärker ideologisch, dann aber auch faktisch vollzogen und von der Literatur der Zeit, vor allem den Dramen, vielfach reflektiert wurden (vgl. zum Folgenden Saße). Früher war die Familie der Ort, an dem die Angehörigen ihren Unterhalt durch Ackerbau und Viehzucht, Handwerk und Gewerbe verdienten. Die Kinder wuchsen durch Beobachten und Mitmachen in diesen Lebensbereich hinein, wobei sie je nach Erbrecht und Geburtsfolge den Status des Vaters nach dessen Tod übernahmen und seine Tätigkeit und ständische Rolle fortführten. Dagegen wird die moderne Familie im 18. Jahrhundert tendenziell von der Sphäre des Erwerbs abgetrennt, dem der Vater im außerhäuslichen Bereich nachgeht. Durch diese Privatisierung der Familie zur Kernfamilie wird sie weit mehr als früher auf rein zwischenmenschliche Beziehungen zwischen Ehepartnern und Kindern festgelegt. So verliert die Familie zwar ihre ökonomischen Funktionen, sie gewinnt aber auch neue. Zur zentralen Aufgabe wird die Erziehung und Ausbildung der Kinder. Auf sie wird nun außerordentlich viel Wert gelegt, weil die Erziehung zu Vernunft und Leistung für die neue bürgerliche Existenz in einem der Tradition unbekannten Maße nötig wurde. In ihrer verbliebenen Restfunktion übernimmt die bürgerliche Familie also die Aufgabe, die Kinder zu Individuen zu bilden, und sie kann das, weil der ökonomische Anteil abgespalten und auf die vom Mann repräsentierte Berufssphäre verlagert wird. Die bürgerliche Familie hat sich also in zwei verschiedene Bereiche aufgeteilt: in den der öffentlichen Sphäre angehörenden Beruf des Mannes und in das der privaten Sphäre angehörende Dasein der Kernfamilie. Damit einher geht eine Konzeption von Geschlechtscharakteren, die besagt, dass Mann und Frau der öffentlichen beziehungsweise privaten Sphäre deshalb zugehören, weil dies ihrem Wesen entspreche – der Mann: das rationale Wesen, der Kämpfer, der Leistungsträger; die Frau: das gemütvolle Wesen, die Empfindsame, die Sorgende.

Dabei klafft häufig zwischen dem tatsächlichen Leben und den neuen Sinngebungsmustern des Lebens eine Lücke. Das tatsächliche Leben richtet sich noch nach überkommenen Gewohnheiten, während die Legitimationsmuster des Lebens sich an neueren Vorstellungskomplexen orientieren, die noch nicht in breitem Maße in die Welt des Alltags eingedrungen sind. Am Beispiel der Familie lässt sich das besonders deutlich erkennen. Das neue Familienleitbild der intimisierten Kleinfamilie wird im 18. Jahrhundert in unterschiedlichsten Medien propagiert; doch ist festzuhalten, dass die Form familiären Zusammenlebens, wie sie tatsächlich praktiziert wurde, bis weit ins 20. Jahrhundert hinein – vor allen Dingen im bäuerlichen Bereich – vielfach älteren Mustern einer Ökonomie des ›ganzen Hauses‹ folgte. Das gilt ähnlich auch für das sich im 18. Jahrhundert entfaltende Konzept der Liebesheirat. Einerseits wird immer wieder nachdrücklich postuliert, die Brautleute sollen aus Liebe heiraten, wobei die Vorstellungen von Liebe im 18. Jahrhundert einem Wandel unterliegen. Und andererseits sind vielfach ökonomische oder ständische Gesichtspunkte tatsächlich entscheidend für die Heirat. Aber auch wenn nur nach außen gesagt wird, man heirate aus Liebe, so hat dies einen Einfluss auf die Gefühle, die ja nicht unabhängig davon sind, wie man über sie redet.

Die neue Wertorientierung, die die Konzeption der bürgerlichen Kleinfamilie und das Projekt der Erziehung und Individualisierung des Menschen in sich schloss, wurde mit einem starken Allgemeinheitsanspruch vertreten. Nicht nur die Bürger neuen Typs, sondern alle Menschen sollten sich gemäß diesen neuen Normen verhalten. Deshalb konnten durchaus auch Adlige zu Trägern dieser Gesinnung erklärt werden. In vielen Schauspielen, so ebenfalls in Lessings bürgerlichen Trauerspielen *Miss Sara Sampson* und *Emilia Galotti*, sind es Angehörige des niederen (Land-)Adels, die die neue ›bürgerliche‹ Werthaltung in ihrem Handeln und Fühlen entfalten. Aus heutiger Sicht kann man in Bezug auf diese Werthaltung durchaus von einer ›Ideologie‹ sprechen: Eine Gruppe, die sich der gegebenen gesellschaftlichen Ordnung nicht mehr fügt, versucht, die eigene Position zu generalisieren und die bislang Privilegierten unter das neue ›Gesetz‹ zu zwingen – in diesem Fall unter das Postulat, dass die Leistungselite an die Stelle der Geburtselite zu treten hat.

Jede neue Klasse nämlich, die sich an die Stelle einer vor ihr herrschenden setzt, ist genötigt, schon um ihren Zweck durchzuführen, ihr Interesse als das gemeinschaftliche Interesse aller Mitglieder der Gesellschaft darzustellen, d. h. ideell ausgedrückt: ihren Gedanken die Form der Allgemeinheit zu geben, sie als die einzig vernünftigen, allgemein gültigen darzustellen.

Aus Karl Marx' und Friedrich Engels »Deutscher Ideologie« (1845/46). Karl Marx, Friedrich Engels: Werke. Hrsg. vom Institut für Marxismus-Leninismus beim ZK der SED. Band 3. Berlin: Dietz Verlag 1969, S. 47.

3 Entstehungsgeschichte

Die Entstehungsgeschichte von *Emilia Galotti* reicht bis in die Mitte der 1750er-Jahre zurück, umfasst also – bis zur Fertigstellung und Uraufführung im März 1772 – insgesamt fast zwanzig Jahre. Genauer gesagt geht Lessings Beschäftigung mit dem Virginia-Stoff, der die historische Folie für die Tötung Emilias durch ihren Vater am Ende der Tragödie bildet, so weit zurück. Emilia beruft sich im vorletzten Auftritt auf die Virginia-Geschichte, um von ihrem Vater Odoardo den Tod einzufordern: »Ehedem wohl gab es einen Vater, der seine Tochter von der Schande zu retten, ihr den ersten den besten Stahl in das Herz senkte – ihr zum Zweiten das Leben gab. Aber alle solche Taten sind von ehedem! Solcher Väter gibt es keinen mehr!« (V, 7, S. 99) Emilia kennt also die Virginia-Sage, deutet sie allerdings im religiösen Vorstellungshorizont, wenn sie davon spricht, dass der Vater von »ehedem« seiner Tochter zum zweiten Mal das Leben gab; denn hiermit meint sie das ›ewige Leben‹. In der Virginia-Sage selbst ist von dieser religiösen Dimension nicht die Rede. Stattdessen steht die politische Dimension im Vordergrund. Die Sage ist im Wesentlichen durch zwei Quellen überliefert, zum einen von Titus Livius (*Ab urbe condita* III), zum anderen von Dionysios von Halikarnassos (*Antiquitates Romanae* XI; beide Quellen abgedruckt in ED, S. 27–33).

Am umfänglichsten wird die Sage von Livius erzählt. Historischer Hintergrund sind die Auseinandersetzungen zwischen den Patriziern und Plebejern in Rom während des 5. Jahrhunderts vor Christus. Die Decemvirn (zehn gewählte Männer, die die Gesetze aufzeichneten) unter der Führung von Appius Claudius haben die Plebejer politisch entmachtet und die Regierungsgewalt an sich gerissen. Mit allerlei Tricks verschafft sich Appius Claudius Gewalt über die Tochter von Lucius Virginius, der aus dem Plebejerstand stammt und als militärischer Führer eine angesehene Rolle im Volk spielt. Auf dem Forum versucht Appius Claudius, seine Rechte gegenüber der Tochter des Virginius geltend zu machen, indem er sie zu seiner Sklavin bestimmt. Daraufhin tötet der Vater, der sich keinen anderen Ausweg mehr weiß, seine Tochter vor den Augen der Öffentlichkeit. Dabei geht es ihm nicht darum, ihre ›Keuschheit‹ zu retten. Vielmehr will er dem umstehenden Volk ein Signal zum Aufstand geben, der dann auch stattfindet und die alten Rechte der Plebejer wiederherstellt. – Bei Lessing hingegen spielt sich die Erdolchung der Tochter nicht vor den Augen der Öffentlichkeit ab, sondern in den geschlossenen Räumen eines Lustschlosses. Kein Signal zum politischen Aufruhr geht davon aus, sondern nur eine Provokation der Zuschauer, die darüber nachzudenken genötigt werden, warum ein Vater seine Tochter auf deren eigene Bitte hin umbringt, um ihre Unschuld zu retten.

Bevor Lessing aber auf diese Weise aus einem eminent politischen Stoff schließlich eine ›moralische‹ Geschichte macht, sichtet und kommentiert er zunächst die schon vorlie-

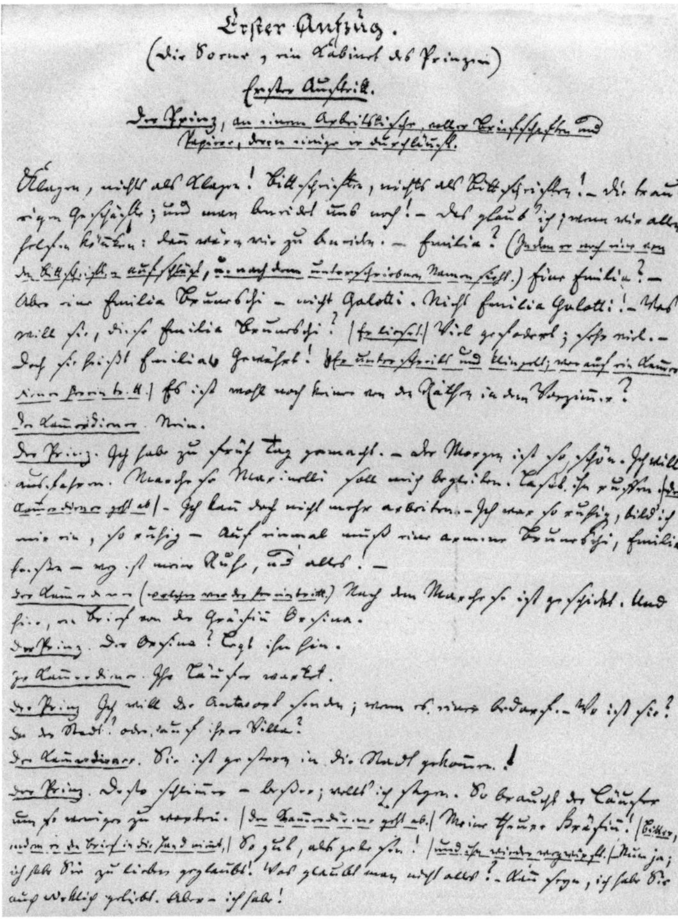

Manuskriptseite der Eingangsszene von »Emilia Galotti«.

genden dramatischen Umsetzungen des Virginia-Berichts. In diesem Kontext übersetzt er zeitgenössische Texte aus dem Französischen und Englischen, kritisiert die *Virginia* seines Landsmanns Johann Samuel Patzke (1727–1787), beschäftigt sich dann 1755 allgemeiner mit der Literatur der römischen

Antike, vor allem mit den Tragödien Senecas, und konzipiert ein Jahr darauf seinerseits ein Drama mit dem Titel ›Das befreite Rom‹, das ein ähnliches Motiv aufgreift, allerdings Fragment bleibt. Auch hier geht es um das Rebellionsthema. Eine ehrbare Tochter soll darin vor der Schändung durch einen Tyrannen bewahrt werden, doch allein der Tod rettet sie vor dieser Schande und führt zugleich, wie in der Virginia-Sage, zu einem Volksaufstand, der den Tyrannen beseitigt.

Die zweite Station auf dem Weg zur endgültigen Gestaltung der *Emilia Galotti* ist der bereits gleichnamige (nicht erhaltene) Entwurf eines Dramas in drei Akten, an dem Lessing 1757/58 arbeitete. Äußerer Anlass hierfür war eine Preisaufgabe, die er damals gemeinsam mit den Berliner Freunden Nicolai und Mendelssohn ausgeschrieben hatte. Lessing plante, sich selbst an dem Wettbewerb um eine deutsche Tragödie zu beteiligen. Er ging dabei mit einer gewissen Raffinesse vor, indem er Nicolai den Rat gab, Johann von Cronegks *Kodrus* zu prämieren. Da Cronegk aber inzwischen gestorben war, schlug Lessing vor, für das kommende Jahr den doppelten Betrag auszusetzen. Offensichtlich war dieser Vorschlag Lessings von dem Hintergedanken bestimmt, dass er bis dahin mit seinem Drama fertig werden und so das doppelte Preisgeld einstecken könnte, wenn sein Drama als das beste angesehen würde. Dieses Kalkül spricht aus seinem Brief vom 21. Januar 1758 an Nicolai. Der Brief zeigt außerdem, dass Lessing (wenn auch halb augenzwinkernd) vorgab, das in Arbeit befindliche Stück stamme von einem jungen Nachwuchsautor:

> Unterdes würde mein junger Tragikus fertig, von dem ich mir, *nach meiner Eitelkeit*, viel Gutes verspreche; denn er arbeitet ziemlich wie ich. Er macht alle sieben Tage sieben Zeilen; er erweitert unaufhörlich seinen Plan, und streicht unaufhörlich etwas von dem schon Ausgearbeiteten wie-

> der aus. Sein jetziges Sujet ist eine bürgerliche Virginia, der er den Titel *Emilia Galotti* gegeben. Er hat nemlich die Geschichte der römischen Virginia von allem dem abgesondert, was sie für den ganzen Staat interessant machte; er hat geglaubt, daß das Schicksal einer Tochter, die von ihrem Vater umgebracht wird, dem ihre Tugend werter ist, als ihr Leben, für sich schon tragisch genug, und fähig genug sei, die ganze Seele zu erschüttern, wenn auch gleich kein Umsturz der ganzen Staatsverfassung darauf folgte. (FA, Band 11/1, S. 267)

Lessing arbeitete also schon seit 1757 an seinem Stück, das er im Jahr darauf fertigstellen wollte, um das doppelte Preisgeld zu kassieren. Aus Gründen, die nicht ganz klar sind, ließ er die Arbeit dann jedoch sehr lange liegen, um sie erst vierzehn Jahre später, nach einer umfassenden Beschäftigung mit theoretischen Fragestellungen zur Dramen- beziehungsweise Tragödienpoetik, zu beenden. Endgültige Gestalt nahm das Werk seit dem Spätherbst 1771 an. Lessing war in der Zwischenzeit Bibliothekar in Wolfenbüttel geworden und gerade dabei, eine Ausgabe seiner Trauerspiele im Verlag von Christian Friedrich Voß vorzubereiten, zu der er auch das neue Stück beisteuern wollte. Dem Verleger versprach er das Werk zunächst noch für die erste Hälfte des Januars 1772, geriet aber in Verzug, sodass sein Bruder Karl, der in Berlin den Druck überwachte, die Lieferung neuer Manuskriptteile mehrfach anmahnen musste. Erst am 1. März schickte Lessing die letzten Auftritte des fünften Aufzugs nach Berlin.

Auch im Hinblick auf die Uraufführung stand Lessing unter Zeitdruck. Der geplante Termin hierfür war nämlich der Geburtstag der Herzogin von Braunschweig am 13. März 1772. Angesichts der ständekritischen Implikationen des Stücks versicherte Lessing dem Herzog in einem Brief aus den

Mit gnädigster Bewilligung
wird
heute Freytags den 13. Märtz 1772.
Das Höchste Geburts-Fest
der
Durchl. Herzoginn von Braunschweig
Königlichen Hoheit
in tiefster Unterthänigkeit gefeiret
und von der von Sr. Königl. Majestät in Preußen allergnädigst general-privilegirten
Döbbelinischen Gesellschaft
aufgeführet werden:
Diana im Hayne bey dem Feste der Musen,
ein kurzes Vorspiel in Versen.
Personen:
Diana. Apollo. Die Musen. Das Gefolge des Apollo.
Hierauf folgt:
Emilia Galotti
ein neues Trauerspiel des Herrn Leßing in Prosa und fünf Aufzügen.
Personen:
Emilia Galotti.
Odoardo und Claudia Galotti, Eltern der Emilia
Hettore Gonzaga, Prinz von Guastalla.
Marinelli, Cammerherr des Prinzen.
Camilla Rota, einer von des Prinzen Räthen.
Conti, ein Mahler.
Graf Appiani.
Gräfin Orsina.
Angelo.
Ein Kammerdiener des Prinzen
Pirro, ein Bedienter aus dem Hause des Galotti.
Battista, Bedienter des Marinelli.
Den Beschluß macht
ein ganz neues Ballet
Philemon und Baucis
oder
Die belohnte Tugend.
Der Anfang ist um halb sechs Uhr.

Ankündigung der Uraufführung von »Emilia Galotti« am 13. März 1772 im Braunschweiger Hoftheater.

ersten Märztagen, dass es sich um »weiter nichts als die alte Römische Geschichte der Virginia in einer modernen Einkleidung« handle (FA, Band 11/2, S. 365). Tatsächlich fand die Uraufführung pünktlich zum Geburtstag der Herzogin am Braunschweiger Hoftheater statt, allerdings ohne dass diese und Lessing selbst anwesend waren. Schon bald danach (ab April 1772) wurde das Stück dann auch an zahlreichen anderen deutschen Bühnen gegeben und von der Kritik größtenteils begeistert aufgenommen.

II Inhaltsangabe

Erster Aufzug: Herrscherpflichten versus Liebesleidenschaft

Der erste Schauplatz von Lessings »Trauerspiel in fünf Aufzügen«, wie der Untertitel von *Emilia Galotti* lautet, ist ein Arbeitszimmer im Residenzschloss des Prinzen Hettore Gonzaga in der norditalienischen Stadt Guastalla. Die Handlung spielt zur Zeit der ausgehenden Renaissance, im 17. Jahrhundert. Der Prinz beginnt den Morgen des Tages, der das gesamte Bühnengeschehen umfasst, mit der Durchsicht von Briefen, die ihm als absolutistischem Herrscher des kleinen Fürstentums zugegangen sind (I, 1). Doch empfindet er seine Regierungsgeschäfte als Last; die Klagen und Bitten, die ihm vorliegen, nimmt er nur flüchtig und missvergnügt zur Kenntnis. Mehr beschäftigt ihn seine Liebesleidenschaft. Nur weil eine Bittstellerin zufällig den Namen Emilia trägt und er sich dadurch an die von ihm begehrte Emilia Galotti erinnert fühlt, ist er sofort bereit, dem Anliegen stattzugeben. Als sein Kammerdiener kurz darauf noch ein Schreiben von Gräfin Orsina überbringt, der bisherigen Mätresse des Prinzen, wird deutlich, dass dieser das Interesse an ihr verloren hat: Er wirft den Brief ungelesen beiseite.

Bevor der Kammerherr des Prinzen, Marchese Marinelli, eintrifft, mit dem er eine Spazierfahrt machen will, tritt zunächst noch der Maler Conti auf, der im – schon mehr als drei Monate zurückliegenden – Auftrag des Prinzen ein Porträt der Gräfin Orsina angefertigt hat und ihm außerdem noch ein anderes zeigen möchte, das besonders eindrucksvoll sei (I, 2). Der Prinz, der aufgrund seiner inzwischen erloschenen Leidenschaft für die Gräfin kaum mehr an das Bild gedacht hatte, reagiert mit gemischten Gefühlen, will es jedoch trotzdem sehen (I, 3). Im vierten Auftritt lobt er den Maler, sein

Werk sei außerordentlich gelungen, allerdings habe er den Charakter der Gräfin stark idealisiert – ein Einwand, der ihm bezeichnenderweise bei dem zweiten Porträt nicht in den Sinn kommt. Dieses zweite Bild stellt Emilia Galotti dar, die der Prinz, seit er sie vor einigen Wochen bei einer Abendgesellschaft zum ersten Mal gesehen hat, nicht mehr vergessen kann. Sie ist die Tochter eines altgedienten Offiziers, des Obersten Odoardo Galotti, der dem Prinzen als Widersacher in einem Besitzstreit gegenübersteht. Gonzaga kauft beide Bilder, obwohl er sich nur noch für das Porträt Emilias interessiert, das er gleich ungerahmt bei sich behält; noch mehr sehnt er sich aber nach dem Besitz des Mädchens selbst (I, 5).

Im längsten Auftritt des ersten Aufzugs (I, 6) erscheint nun der Marchese Marinelli. Da es zu einer Spazierfahrt inzwischen bereits zu spät sei, bittet der Prinz ihn, ihm die Neuigkeiten des Stadtlebens mitzuteilen. Marinelli meint aber, nichts Besonderes berichten zu können, und erzählt deshalb von der gestrigen Ankunft der Gräfin Orsina, die ihm im Vertrauen ihre Furcht gestanden habe, der Prinz gehe ihr nicht wegen seiner bevorstehenden machtpolitisch motivierten Heirat mit der Prinzessin von Massa, sondern wegen einer neuen Liebschaft aus dem Wege. Da der Prinz davon weiter nichts hören will, kommt der Marchese auf die am heutigen Tag bevorstehende Hochzeit des Grafen Appiani zu sprechen. Als Adliger, der nur in den Kategorien des höfischen Lebens denkt, misst er ihr allerdings kein sonderliches Gewicht bei, da der Graf seine Wahl nicht mit politischer Klugheit getroffen habe, sondern die in der Adelshierarchie unter ihm stehende Emilia Galotti in aller Stille auf dem Landgut ihres Vaters bei Sabionetta heiraten wolle, um sich danach gänzlich aus der Sphäre des Hofes zurückzuziehen. Der Prinz gerät bei dieser Nachricht außer sich; er offenbart Marinelli erst jetzt, dass er selbst eben dieses Mädchen liebe, und bittet ihn flehentlich um seine Hilfe. Der intrigante Marchese sagt diese zu, bedingt sich aber aus, in seinen Mitteln frei wählen zu können. Um den Grafen vorerst zu entfernen, solle der Prinz ihn als Gesandten nach Massa schicken, sich selbst jedoch für alle Fälle zu seinem Lustschloss Dosalo begeben, das auf dem Weg zum Landgut von Emilias Vater liegt.

Nach dem Abgang Marinellis fährt der Prinz allerdings noch nicht sofort los, sondern beschließt, Emilia Galotti in der Kirche, die sie um diese Tageszeit immer besucht, heimlich zu sprechen (I, 7). Seinem Regierungsrat Camillo Rota übergibt er zuvor das Bittgesuch jener anderen Emilia, über dessen Ausfertigung er indes dem Rat die Entscheidung selbst überlässt. Als der Prinz ein Todesurteil, von dem Rota dann noch spricht, ohne zu zögern unterzeichnen will, da er in Eile sei, behauptet der besonnene und human gesinnte Rat, er habe die Unterlagen vergessen (I, 8).

Zweiter Aufzug: Intrige und erste Konflikte

Nur wenig später meldet im Stadthaus der Galottis in Guastalla der Bedienstete Pirro seiner Herrin Claudia Galotti die unvermutete Ankunft ihres Mannes Odoardo (II, 1). Als Odoardo erfährt, dass seine Tochter allein zur nahe gelegenen Kirche gegangen sei, macht er seiner Frau Vorwürfe, weil er befürchtet, Emilia könne noch in letzter Sekunde vor der Eheschließung zum Opfer männlicher Verführung werden (II, 2). Der Bedienstete Pirro, der im Vorzimmer des Hauses Galotti zurückbleibt, wird im dritten Auftritt heimlich von einem alten Bekannten kontaktiert, dem Raubmörder Angelo, an den er schon seinen vorigen Herrn verraten hat. Angelo, offenkundig von Marinelli angeheuert, entlohnt den widerstrebenden Pirro für seine Mitwirkung bei der letzten Schurkerei und bringt von ihm in Erfahrung, wann und in welcher Begleitung das Brautpaar nach Sabionetta abfahren wird.

Unterdessen wird Odoardo ungeduldig, da seine Tochter noch immer nicht aus der Kirche zurückgekehrt ist und er noch seinen künftigen Schwiegersohn, den Grafen Appiani, sprechen will, um letzte Vorbereitungen für die Hochzeit zu treffen. Während Odoardo seiner Frau gegenüber Appiani als idealen Schwiegersohn preist, weil dieser sich vom höfischen Leben auf seinen Familienbesitz nach Piemont zurückziehen möchte, verteidigt Claudia das Stadtleben und die Hofnähe. Als sie ihrem tugendstrengen Mann, um ihn von dem Wohlwollen des Prinzen zu überzeugen, mitteilt, dieser habe Emilia bei einer Vegghia (Abendgesellschaft) gesehen, sich lang mit ihr unterhalten und ihre Schönheit gepriesen, befürchtet Odoardo umgekehrt gerade hierin einen Angriff auf seine verwundbarste Stelle und unterdrückt mühsam seinen Zorn auf Claudia (II,4). Diese hingegen versteht die Bedenken ihres Mannes nicht und fühlt sich augenscheinlich sogar durch das Interesse des Prinzen für ihre Tochter geschmeichelt (II,5).

Nach dem Abgang Odoardos stürmt Emilia atemlos und verstört herein. Sie berichtet ihrer Mutter, dass der Prinz sie in der Kirche aufgesucht, ihr seine Liebe gestanden habe und ihr anschließend bis in die Vorhalle gefolgt sei. Dort habe er sie dann aufgehalten, um mit ihr zu sprechen – worüber, wisse sie aber nicht mehr. Einer Ohnmacht nahe sei sie schließlich davongeeilt, jedoch habe der Prinz sie bis über die Schwelle ihres Elternhauses verfolgt. Claudia rät ihrer Tochter, weder ihrem Vater noch ihrem Bräutigam irgendetwas davon zu erzählen, das Ganze sei vielmehr nur wie ein Traum zu nehmen und habe weiter nichts zu bedeuten. Emilia zeigt sich dadurch wieder beruhigt, sie bekräftigt, dass Appiani, der soeben eintrifft, nichts von dem Vorfall erfahren soll (II,6).

Der Graf betritt die Szene ernst und in Gedanken versunken, da die bevorstehende Hochzeit seine ganze Glückseligkeit bedeute, derer er sich auch würdig erweisen wolle. So begeistert Odoardo im vierten Auftritt von seinem künftigen Schwiegersohn sprach, so enthusiastisch äußert sich dieser nun auch umgekehrt über die Tugendhaftigkeit des Brautvaters, den er als Vorbild ansehe. Appiani lobt überdies die Frömmigkeit Emilias, die im einfachen Brautschmuck heiraten will. Als Emilia in diesem Zusammenhang von einem Traum berichtet, in dem sich die Steine des kostbaren Geschmeides, das ihr Verlobter ihr geschenkt hat, sämtlich in Perlen verwandelt haben, und betont, dass Perlen Tränen bedeuten, zeigt sich der Graf betroffen (II,7). Im anschließenden Gespräch unter vier Augen mit Claudia wird deutlich, woher die Schwermut Appianis tatsächlich rührt: Er denkt an den Prinzen, den er aus Gründen der Achtung noch von seiner bevorstehenden Heirat informieren sollte (II,8).

Doch ehe er sich zum Residenzschloss aufmachen kann, taucht auch schon der Marchese Marinelli im Hause Galotti auf, um dem Grafen einen Auftrag des Prinzen zu überbringen (II,9). Marinelli geriert sich als Freund Appianis, der ihm die besondere Gunstbezeugung des Prinzen vermittelt habe, eine Gesandtschaft an den Herzog von Massa zu übernehmen, wohin er sofort abreisen solle. Als Marinelli auf den Hinweis Appianis, er müsse den Auftrag wegen seiner unmittelbar bevorstehenden Hochzeit ablehnen, antwortet, die Hochzeit lasse sich ja verschieben, die Eltern der Braut würden das sicher verstehen und Emilia selbst sei ihm ja wohl sicher, bezeichnet der Graf ihn als Affen. Marinelli reagiert zwar auf die Beleidigung mit einer Duellforderung. Doch als Appiani annimmt und das Duell sofort austragen will, weicht Marinelli aus und geht unter halbversteckten Drohungen ab (II,10). Nach dieser Begegnung mit dem Marchese fühlt sich Appiani innerlich befreit; er beschließt, doch nicht zum Prinzen zu fahren, und versichert der wieder hereinkommenden Claudia, sie könne ganz beruhigt sein (II,11).

Dritter Aufzug: Ausführung des Verbrechens
Handlungsort des Dramas ist von nun an bis zum Schluss ein Vorsaal des Lustschlosses des Prinzen in Dosalo. Marinelli berichtet dem Prinzen von der Weigerung des Grafen und eröffnet ihm die Möglichkeit, die Braut heimlich zu entführen, während draußen schon geschossen wird. Der Plan Marinellis, der bereits in die Tat umgesetzt wird, sieht einen inszenierten Raubüberfall vor; einer seiner Bediensteten, die scheinbar zu Hilfe kommen, soll Emilia daraufhin ins Lustschloss bringen. Da sich schon ein maskierter Räuber naht, bittet Marinelli den Prinzen hinauszugehen (III, 1). Bei dem Maskierten handelt es sich um Angelo, der Vollzug meldet und seinen Lohn abholen will. Er selbst habe den Grafen, der im Gefecht einen der Angreifer zur Strecke brachte, tödlich verwundet (III, 2). Der nach Angelos Abgang wieder eingetretene Prinz sieht Emilia atemlos auf das Schloss zukommen, fühlt sich aber unsicher, weshalb er beschließt, sie erst einmal in einem Nebenzimmer zu belauschen, auch um sich zu sammeln (III, 3). Mit Battista, einem Bedienten des Marchese, betritt nun die aufgeregte Emilia den Vorsaal. Während der Flucht mit dem vermeintlichen Helfer hat sie die Schüsse hinter sich gehört und ist besorgt um ihren Verlobten und ihre Mutter, die mit in der Kutsche saßen. Marinelli, der ihr eröffnet, wo sie sich befindet, sucht sie zu beruhigen und stellt ihr in Aussicht, dass der Prinz bald mit ihrer Mutter erscheinen werde (III, 4).

Doch Hettore Gonzaga betritt den Saal allein; zwar beteuert er, Graf Appiani und Emilias Mutter seien wohlauf und in der Nähe, doch Emilia bezweifelt das. Misstrauisch, aber handlungsohnmächtig sinkt sie vor dem Prinzen nieder, den sie auf diese Weise um Schonung bittet. Während dieser ihr versichert, sie habe nichts zu befürchten, und die noch immer Ängstliche in die inneren Gemächer des Lustschlosses führt, bleibt Marinelli zurück, um Claudia Galotti abzulenken (III, 5),

Sven-Eric Bechtolf als Prinz Hettore Gonzaga und Johanna Wokalek als Emilia Galotti in Andrea Breths Inszenierung am Akademietheater Wien, die im Dezember 2002 Premiere hatte.

die soeben auf der Suche nach ihrer Tochter eintritt (III, 6). Sie hält den ihr entgegenkommenden Battista keineswegs für den Retter, sondern für den Entführer Emilias (III, 7). Als sie Marinelli erblickt, dessen Namen der Graf noch im Sterben genannt habe, wird ihr vollends klar, was geschehen ist. Sie durchschaut die bloße Inszenierung eines Raubüberfalls und klagt Marinelli als Mörder an. Auf das Rufen Emilias hin, die die Stimme ihrer Mutter gehört hat, lässt sich Claudia nicht mehr halten und dringt, von Marinelli gefolgt, in die hinteren Zimmer des Schlosses vor (III, 8).

Vierter Aufzug: Zuspitzung des Konflikts auf dem Lustschloss

Der Prinz und Marinelli kehren in den Saal zurück. Erst durch Claudia ist der Prinz hinter der Bühne vom Tod des Grafen Appiani informiert worden. Er macht den Kammerherrn verantwortlich für diese Tat, die er nicht gewollt habe. Marinelli behauptet dagegen, der Tod Appianis sei nicht geplant gewesen, sondern unglückliche Folge von dessen Gegenwehr. Überdies liege die Ursache des Verdachts, der nun auf den Prinzen falle, an dessen eigenem Verhalten: Nur weil er Marinellis Rat, sich sofort nach Dosalo zu begeben, nicht befolgt, stattdessen Emilia in der Kirche aufgesucht habe, wisse man überhaupt von seiner Leidenschaft zu ihr (IV, 1).

Zu Beginn des zweiten Auftritts wird die unerwartete Ankunft der Gräfin Orsina gemeldet. Der Prinz wendet sich verzweifelt an Marinelli, entschuldigt sich für seine Vorhaltungen und bittet ihn um Hilfe. Marinelli soll die Gräfin abweisen, während sich der Prinz in einem Seitenkabinett verbirgt, wo er alles mithören kann. Die über den kalten Empfang empörte Orsina fragt Marinelli nach dem Prinzen. Dieser habe auf ihre briefliche Bitte vom heutigen Morgen, sich mit ihr in Dosalo zu treffen, zwar nicht schriftlich geantwortet. Wie sie gehört habe, sei er dann aber doch dorthin aufgebrochen, was sie als Bestätigung wertete. Erst von Marinelli erfährt sie, dass der Prinz den Brief gar nicht gelesen hat und sie demzufolge auch nicht erwartet. Die Gräfin, die den Prinzen in jenem Zimmer vermutet, aus dem sie schon Frauengeschrei gehört hat und zu dem ihr der Zutritt verweigert wurde, stellt sarkastisch fest, dass die ehemalige Liebe des Prinzen zu ihr sich in Gleichgültigkeit und Verachtung verkehrt hat, und zwar deshalb, weil sie eine denkende Frau sei. Ihr Eintreffen in Dosalo in diesem Moment, von Marinelli als sonderbarer Zufall bezeichnet, erscheint in ihren Augen hingegen als schicksalhafte Fügung (IV, 3).

Der Prinz, der in dem angrenzenden Kabinett alles mitgehört hat, betritt nun den Saal, eilt aber an der Gräfin vorüber in ein anderes Zimmer – er sei nicht allein und habe deshalb keine Zeit für sie (IV, 4). Bevor Marinelli ihm, wie befohlen,

Ingo Hülsmann als Marchese Marinelli und Nina Hoss als Gräfin Orsina in Michael Thalheimers Inszenierung von »Emilia Galotti« am Deutschen Theater Berlin aus dem Jahr 2001.

folgen kann, bringt Orsina von ihm in Erfahrung, dass Emilia Galotti, die Braut des getöteten Appiani, mitsamt ihrer Mutter beim Prinzen ist. Orsina, die durch einen Späher von der Annäherung des Prinzen an Emilia in der Kirche informiert wurde, mutmaßt sogleich, dass der Überfall auf die Hochzeitskutsche im Auftrag des Prinzen verübt worden ist, um sich der Braut zu bemächtigen. Als sie Dosalo verlassen will, um öffentlich Anklage zu erheben, kommt ihr Odoardo Galotti entgegen (IV,5). Er hat von dem Überfall gehört und will seine Frau und seine Tochter sehen. Marinelli lässt ihn mit Orsina zurück, weil er dem Prinzen erst seine Ankunft melden müsse. Zuvor rät er Odoardo noch, nicht auf die Reden der Gräfin zu hören, die nicht recht bei Verstand sei (IV,6).

Als Orsina sich im wichtigen siebenten Auftritt des vierten Aufzugs mitleidsvoll an Odoardo wendet, gelangt er jedoch zu einem anderen Urteil als Marinelli. So schenkt er ihr durchaus Glauben, als sie ihn zunächst darüber informiert, dass Appiani nicht nur, wie er bisher noch meint, verwundet, sondern tot sei, und als sie ihn sodann vom Interesse des Prinzen an Emilia unterrichtet. Erst jetzt erfährt er durch Orsina von dem Zwischenfall in der Messe und lässt sich davon überzeugen, dass seine Familie zum Opfer von Meuchelmord und Entführung geworden ist. Den Dolch, den die Gräfin mitgebracht hat und den sie dem waffenlosen Odoardo nun aufdrängt, nimmt er dankend an, bevor im nächsten Auftritt (IV, 8) Claudia wieder in den Saal kommt. Sie bestätigt ihrem Mann, dass alles zutrifft, was Gräfin Orsina behauptet hat; Odoardo schickt sie mit dieser in die Stadt. Er selbst will Emilia mit auf sein Landgut nehmen, da sie nicht mehr nach Guastalla zurückkehren könne.

Fünfter Aufzug: Tragisches Finale – die Tötung Emilias durch ihren Vater

Zu Beginn des fünften und letzten Aufzugs unterhalten sich Marinelli und der Prinz im Vorsaal des Lustschlosses, indem sie durch das Fenster Odoardo beobachten, der soeben seine Frau in die Kutsche der Gräfin gesetzt hat. Während Marinelli meint, er werde klein beigeben, sich für den Schutz des Prinzen bedanken und Emilia wieder in die Stadt bringen, befürchtet der Prinz, sie solle in ein Kloster außerhalb seines Herrschaftsbereichs gebracht werden. Als Odoardo wieder hereinkommt, ziehen sich beide aber vorerst zurück, damit Marinelli seine Pläne auch für diesen Fall erläutern kann.

Es folgt der erste von drei Monologen Odoardos, in dem er sich ermahnt, ruhig zu bleiben und sich nicht für Orsinas Rachegelüste instrumentalisieren zu lassen. Statt um Rache am Prinzen gehe es nur um die Rettung Emilias; gestraft werde der Prinz schon genug dadurch, dass ihm Emilia entrissen werde, sowie durch sein schlechtes Gewissen (V, 2).

Unterbrochen wird Odoardo in seinem Selbstgespräch durch den Kammerherrn, dem er mitteilt, er wolle seine Tochter mit nach Sabionetta nehmen. Doch Marinelli entgegnet im Namen des Prinzen, dass Emilia vorerst in Guastalla bleiben müsse. Da Odoardo sich damit nicht einverstanden zeigt, verlässt der Marchese die Szene, um den Prinzen holen (V,3).

Darauf folgt der zweite Monolog Odoardos, der seine Unentschiedenheit angesichts dieser neuerlichen Wendung verdeutlicht: Er will sich gegen den Eingriff des Prinzen in sein väterliches Bestimmungsrecht über Emilia zur Wehr setzen, ruft sich jedoch erneut zur Besonnenheit auf (V,4).

Wie offenbar mit Marinelli verabredet, gesteht der Prinz im folgenden Auftritt Odoardo zunächst zu, seine Tochter in ein Kloster zu bringen, lässt sich dann aber zum Schein von Marinelli überzeugen, dass es nötig sei, Emilia vorerst als Zeugin in Guastalla festzuhalten. Marinelli gibt vor, der engste Vertraute Appianis gewesen zu sein, dem er eine Aufklärung des Verbrechens schuldig sei. Da ein Gerücht besage, ein Liebhaber Emilias habe den Grafen ermordet, müsse der Fall gerichtlich untersucht und Emilia bis dahin von Vater und Mutter getrennt werden. Zu ihrem Aufenthaltsort bestimmt der Prinz das Haus seines Kanzlers Grimaldi. Odoardo ist kurz davor, den Dolch zu ziehen, den ihm Orsina gegeben hat, lässt jedoch davon ab, als der Prinz ihn ermahnt, sich zu fassen. Odoardo willigt in das Vorgehen ein, bittet sich jedoch aus, Emilia vorher noch einmal unter vier Augen zu sprechen. Das wird ihm zuvorkommend gewährt.

In der Wartezeit hält er seinen dritten Monolog, in dem er erst vom nahenden Ende spricht, auch davon, dass er etwas für seine Tochter tun will, dann aber zweifelt, ob sie dies überhaupt verdiene und nicht doch mit dem Prinzen in geheimem Einvernehmen stehe. Kurz bevor er Emilia sich selbst überlassen will, betritt diese die Szene (V,6).

Im zentralen vorletzten Auftritt des Dramas (V,7) zeigt sich Emilia in ruhiger Verfassung, selbst nachdem Odoardo ihr den Tod Appianis bestätigt hat. Sie drängt zwar zur Flucht, doch ihr Vater teilt ihr den Plan des Prinzen mit, sie allein in das Haus der Grimaldis zu bringen. Emilia will sich dem jedoch nicht fügen. Als Odoardo ihr den Dolch zeigt, mit dem er Marinelli oder den Prinzen niederstechen wollte, bittet sie ihn um die Waffe, um sich selbst zu töten und so ihre Unschuld zu bewahren, die zwar gegen Gewalt, aber nicht gegen Verführung gewappnet sei. Im Verweis auf die – religiös umgedeutete – Virginia-Geschichte bittet Emilia ihren Vater darum, sie zu töten, was dieser schließlich auch tut.

Indem Emilia in seinen Armen stirbt, kommen im letzten Auftritt der Prinz und Marinelli hinzu. Odoardo wendet sich anklagend an den Prinzen, gibt zu verstehen, dass er seine Tochter getötet hat, um sie vor dessen sexuellem Übergriff zu bewahren, und erklärt, er liefere sich nun selbst der Justiz aus. Der entsetzte und verzweifelte Prinz beschuldigt wiederum Marinelli, durch seine intriganten Handlungen verantwortlich für den Tod Emilias zu sein, und befiehlt diesem, ihm für immer aus den Augen zu gehen.

III Analyse und Deutung

1 Form

»Emilia Galotti« zwischen geschlossener und offener Dramenform

Um die Form von Lessings Drama *Emilia Galotti* zu bestimmen, muss man es auf jene beiden Idealtypen beziehen, die in der Literaturwissenschaft als geschlossene und offene Dramenform einander gegenübergestellt werden. Die sechs zentralen Bestimmungen, durch die sich diese Formen unterscheiden, sind Handlung, Zeit, Raum, Komposition, Personen und Sprache. Zunächst sei kurz die geschlossene Form charakterisiert, um dann die offene Form gegen sie abzugrenzen.

Der Begriff der geschlossenen Form bündelt wesentliche Merkmale des klassizistischen Dramas, das sich – unter Berufung auf die *Poetik* des Aristoteles – in Frankreich während des 17. Jahrhunderts besonders prägnant herausgebildet hat und dem gegen Ende des 18. Jahrhunderts zum Beispiel noch Goethes *Iphigenie auf Tauris* (1787) folgt.

Zunächst gelten hierbei die sogenannten drei aristotelischen Einheiten: die Einheit der Zeit, des Ortes und der Handlung. Einheit der Zeit heißt: Das dramatische Geschehen verläuft innerhalb *eines* Tages und weitgehend kontinuierlich, ohne große Zeitsprünge. Gemäß der damit verbundenen Einheit des Ortes spielt das gesamte Geschehen an *einem* Ort, der meist in sehr neutraler und unspezifischer Weise zum Treffpunkt und Aktionsraum der Figuren wird. Drittes wesentliches Merkmal der geschlossenen Form ist die Einheit der Handlung im Sinne einer kausalen Handlungsverknüpfung. Schon Aristoteles hat die Wichtigkeit dieser Verknüpfung betont, und noch Lessing legt äußersten Wert darauf. Dementsprechend kann es eine Nebenhandlung nur geben, wenn sie der Haupthandlung untergeordnet bleibt, die eine klare Verlaufskurve aufweist und auf ein finales Ereignis hin ausgerichtet ist. Die einzelnen Teile der Handlung sind eng miteinander verzahnt, die vorangehende Handlung ist immer Ursache für die folgende Handlung, sodass alle Teile unersetzlich und auch unversetzbar sind.

Unter dem Stichwort Komposition ist in diesem Kontext die architektonische Struktur des geschlossenen Dramas gemeint, bei dem sich ein großer Handlungszusammenhang in kleinere Abschnitte gliedert: üblicherweise – wie bei *Emilia Galotti* – in fünf Akte (Aufzüge), die wiederum aus mehreren Szenen (Auftritten) bestehen. Daher ist bei der geschlossenen Form ein Aufbau von oben nach unten zu beobachten; zunächst gibt es einen Gesamtplan, der sich dann in die einzelnen Segmente unterteilt.

Hinzu kommt noch die Beschränkung der Figurenzahl im geschlossenen Drama. Im Fall der Tragödie gehören die handelnden Personen gemäß der ›Ständeklausel‹ einem hohen Stand an, und sie werden als Menschen dargestellt, die über sich selbst und ihre inneren Antriebe genau Bescheid wissen und dieses Wissen auch in ausgefeilten, metrisch gebundenen Reden artikulieren können. Die Sprache dient dabei nicht der Charakterisierung der Personen, da sie diesen aufgrund der Versform schon vorgegeben ist.

Soweit zu den Merkmalen der geschlossenen Form. Wenn man nun aber die Dramen der europäischen Literaturgeschichte sichtet, so wird man feststellen, dass viele von ihnen diesem Muster gar nicht entsprechen. Zwar hat die sich auf die Autorität des Aristoteles berufende klassizistische Poetik noch bis hin zu Gottsched solche geschlossenen Dramen gefordert und alle anderen, die diesen Einheits-Geboten nicht folgen, als Abweichung diskriminiert. Aber trotzdem gibt es seit Anbeginn der Dramengeschichte in der griechischen

Antike, seit Aristophanes über Shakespeare und die Dramen des Sturm und Drang bis zu den Dramen der Moderne und Postmoderne eine Fülle von Werken, die sich von jenem Formtyp unterscheiden. All diese Dramen werden der offenen Form zugeordnet. Das Drama des offenen Formtyps, das in aller Konsequenz durch Goethes *Götz von Berlichingen* (1773) in die deutschsprachige Literatur eingeführt wurde, zeichnet sich durch eine durchgängige Negation der Bestimmungen des geschlossenen Typs aus: Die Einheit der Zeit wird nicht gewahrt, eine weite Zeiterstreckung ist möglich; das Geschehen wird nicht mehr als zeitliches Kontinuum dargeboten, da zwischen den einzelnen Handlungssequenzen große Zeitsprünge vorhanden sein können. Das Bühnengeschehen kann mehrere Wochen, Monate oder gar Jahre umfassen. Während die Zeit im geschlossenen Drama neutral ist, erfüllt sie im offenen Drama eine spezifische handlungsrelevante Funktion. Auch die Einheit des Ortes ist hier aufgegeben. Der Schauplatz wechselt häufig, wobei nicht so sehr der Ortswechsel an sich entscheidend ist, sondern die Verschiedenartigkeit der Räume, die verschiedene Handlungsmöglichkeiten repräsentieren. Die Handlungsorte bekommen also ebenfalls einen spezifischen Stellenwert, eine symbolische Bedeutung. Sie sind nicht bloß Ermöglichungsgrund für die dramatische Handlung, sondern das Verhalten der Personen ist zugleich durch die Räume charakterisiert, in denen sie agieren.

Der Vielheit von Zeit und Raum entspricht die Vielzahl und soziale Vielfalt des Dramenpersonals. Kommt das geschlossene Drama mit einer sehr kleinen, überschaubaren Zahl von handelnden Figuren aus, so bieten viele Dramen des offenen Formtyps ein zahlreiches, bunt gemischtes Personal auf. Die ›Ständeklausel‹ ist aufgehoben, Bürgerliche werden tragödienfähig. Dabei ist auch die Sprache nicht mehr typisierend, auf den hohen Tragödienstil genormt, sondern individualisierend, dem jeweiligen Sprecher angemessen und der Spontaneität der zwischenmenschlichen Beziehung angepasst. Sie dient zur Charakterisierung der jeweils sprechenden Person. Deutlich zeigt sich diese Individualisierung der Sprache in der Absage an metrische Normen, wie sie auch für *Emilia Galotti* charakteristisch ist: An die Stelle versgebundener Sprache tritt die freie Prosa alltäglichen Sprechens. Am sichtbarsten manifestiert sich die offene Dramenform jedoch in der Durchbrechung der Handlungseinheit: Mehrere Handlungsstränge laufen häufig gleichberechtigt nebeneinander her; sie sind nicht streng kausal miteinander verbunden, aus einer Handlungssequenz ergibt sich nicht notwendig der Verlauf einer anderen. Im Extremfall besteht die Handlung aus einer Abfolge völlig selbstständiger, räumlich und zeitlich voneinander isolierter Einzelbegebenheiten. Die Handlung wird weder zu Beginn des Stücks kompakt exponiert, noch findet sie am Ende zu einem eindeutigen Abschluss. Dementsprechend erfolgt die Komposition des offenen Dramas auch nicht vom Ganzen her, dem die einzelnen Szenen funktional zugeordnet werden, sondern von der Einzelszene her, die sich mittels metaphorischer Verklammerung sowie durch den Bezug auf eine im Mittelpunkt stehende Hauptfigur mit anderen, komplementären Einzelszenen nur locker verbindet.

Die Gegenüberstellung zeigt, dass *Emilia Galotti* Merkmale beider Dramentypen, der offenen und der geschlossenen Form, aufweist. Für eine Zuordnung zur offenen Form spricht auf den ersten Blick schon die prosaische, individualisierte Sprache des Dramenpersonals. Damit einher geht auch, dass die Ständeklausel nicht strikt eingehalten wird: Die Hauptakteure gehören zwar sämtlich dem Adel an, aber die Galottis sind nicht, wie der Prinz oder der Graf, Mitglieder des Hochadels, sondern nur niedere Landadlige, die überdies eine bürgerliche Rückzugsmoral vertreten.

Sven-Eric Bechtolf als Prinz und Roland Koch als Marchese Marinelli in Andrea Breths Wiener Inszenierung aus dem Jahr 2002.

Andererseits hat sich Lessing sehr konsequent an die Einheit der Zeit gehalten. Das Geschehen des Dramas umfasst etwa zwölf Stunden: Am Anfang ist die Rede vom »Morgen« (I, 1, S. 9), die Hochzeitskutsche fährt »[g]egen Mittag« ab (I, 6, S. 21), und am Ende des Dramas heißt es, »es wird spät« (V, 5, S. 95). Was die Einheit der Zeit betrifft, entspricht Lessings Tragödie also durchaus dem geschlossenen Formtypus. Allerdings hält sich Lessing auch in diesem Punkt nicht bloß sklavisch an die Vorschriften der klassizistischen Dramenpoetik. Die knappe Zeit ist vielmehr durch das dramatische Geschehen selbst motiviert, sie entspricht der eigenen Zeitnot der Protagonisten. Als der Prinz durch Marinelli von der bevorstehenden Heirat Emilias erfährt, fragt er: »Heute sagen Sie? schon heute?« (I, 6, S. 23) Und unter Zeitdruck stehen auch Odoardo, der seine Tochter möglichst bald mit dem Grafen Appiani verheiraten will (vgl. II, 4, S. 31), sowie Appiani selbst, der deshalb das Angebot ausschlägt, als Gesandter des Prinzen nach Massa zu reisen (vgl. II,10, S. 44f.). Die Zeit ist in *Emilia Galotti* also selbst handlungstragendes Element, weshalb sie auch wiederholt eigens thematisiert wird (vgl. etwa II,8, S. 41). Dass sie so knapp bemessen ist, hat eine eigene Bedeutung für die Dramenhandlung, auch wenn damit ›zufällig‹ die Zeitregel des klassizistischen Dramas erfüllt ist.

Die Einheit der Handlung ist in *Emilia Galotti* ebenfalls gewahrt. Schon Lessings Zeitgenossen, aber auch noch spätere Rezipienten bewunderten die stringente Handlungsführung, die zielstrebig und raffiniert die Problematik entfaltet, welche am Ende konsequent zur Katastrophe führt: Alle Handlungssequenzen sind chronologisch und kausal aufeinander bezogen, eine jede geht folgerichtig aus der jeweils früheren hervor. Doch auch an die Einheit der Handlung hält Lessing sich nicht, weil die damaligen Regelpoetiken es so verlangen, sondern weil es seines Erachtens der dramaturgischen Notwendigkeit entspricht. In der *Hamburgischen Dramaturgie* hat er diese Notwendigkeit unter figurenpsychologischen Gesichtspunkten eigens theoretisch begründet. Die Qualität eines Dichters erweist sich demzufolge dadurch, dass es diesem gelingt, das auf den ersten Blick unwahrscheinliche Handeln einer Dramenfigur durch bruchlose motivationale Verkettung der Handlungsschritte in folgerichtige Zwangsläufigkeit zu überführen. Dabei sollen die Leidenschaften, die zu der Tat führen, nicht benannt werden, sondern vor den Augen der Zuschauer entstehen; und sie sollen sich so entwickeln, dass sie den Zuschauer gefangen nehmen. Dies gelinge dem Dichter, wenn er dem von Leidenschaften bestimmten Gang des Geschehens den Anschein innerer Notwendigkeit verleihe. Dazu muss die Handlungsfolge im dramatischen Geschehen als eine »Kette[ ] von Ursachen und Wirkungen« erscheinen; der Dichter hat »alles, was geschieht, so geschehen zu lassen, daß es nicht anders geschehen können« (FA, Band 6, S. 329).

Jedes Vergangene soll das Folgende bedingen, und zwar nicht aufgrund bloß äußerer Handlungslogik, sondern aufgrund innerer Psycho-Logik. Die Lückenlosigkeit dieser motivationalen Verkettung garantiere dann, dass der Zuschauer vom Dramengeschehen mitgerissen wird.

Zeit und Handlung sind bei Lessing also nicht deshalb ›einheitlich‹, weil er ein geschlossenes Drama verfassen wollte, sondern weil es vom darzustellenden Geschehen her gefordert war. So ist es auch zu erklären, dass *Emilia Galotti* zwar die Einheiten der Zeit und der Handlung wahrt, aber nicht die Einheit des Ortes. Die Anzahl der Schauplätze bleibt zwar überschaubar; trotzdem handelt es sich um einen ›Normenverstoß‹, der das Stück ebenfalls als Mischform zwischen dem geschlossenen und dem offenen Dramentyp qualifiziert. Er hat jedoch, so wie umgekehrt die Einhaltung der beiden anderen Einheiten, einen funktionalen Sinn hinsichtlich des Bühnengeschehens. Die einzelnen Räume des Dramas ermöglichen nicht einfach nur die Handlung, sondern sind in ihrer Bedeutung für die Aussage der Tragödie relevant. Lessing geht es darum, zwei ›Welten‹ und Wertsphären szenisch präsent zu halten, deren Konflikt im Zentrum des Stücks steht.

Diese beiden Welten werden mit aller Deutlichkeit auseinandergehalten, was sich auch im Wechsel der Handlungsorte der einzelnen Akte beziehungsweise Aufzüge manifestiert: Der erste Aufzug spielt in einem Kabinett des Prinzen in dessen Residenzschloss in Guastalla, das als Zentrum der Macht Ort der Regierungsgeschäfte ist; der zweite Aufzug spielt dagegen im Haus der Galottis in derselben Stadt; hier wird die Privatsphäre entfaltet, die abgeschirmt von der Öffentlichkeit ein Schutzraum bürgerlich konnotierter Werte und Tugenden sein soll. Die letzten drei Aufzüge spielen wiederum in einem Vorsaal des Lustschlosses des Prinzen in Dosalo, das als Gegenort zum familialen Raum der Galottis fungiert. Das Lustschloss markiert das Milieu eines entspannten, sinnlichen Daseins, es ist ein Ort höfischen Divertissements. Damit ist der im zweiten Aufzug gezeigte anti-höfische Ort der Galottis sowohl vom Zentrum der Macht als auch vom Schauplatz höfischer Vergnügungen umrahmt und bedroht. Zugleich geht jedoch von beiden entgegengesetzten Sphären – der höfischen und der ›bürgerlichen‹ – eine wechselseitige Verlockung aus: sowohl für die anti-höfische Sphäre, die sich vom höfischen Glanz angezogen fühlt, als auch für die höfische Sphäre, die die Tugend als Attraktivität erfährt. So verliert der Raum in Lessings Tragödie seinen neutralen Charakter, den er im geschlossenen Drama hat. Stattdessen gewinnt er eine spezifische Semantik: eine atmosphärische und charakterisierende Funktion.

Die angesprochene welchselseitige Verlockung beschwört Diskrepanzen zwischen den Schauplätzen und dem jeweiligen Geschehen herauf, bei denen die konventionelle Ordnung, die mit den Räumen üblicherweise verbunden ist, durch ein Handeln gestört wird, das sich diesen Normen nicht fügt. So werden im Kabinett des Prinzen keine politischen Entscheidungen getroffen, die rationalem Herrscherkalkül entspringen, sondern emotionale Entschlüsse gefasst, die affektiver Willkür folgen. Und so dringt umgekehrt in den privaten Bereich der Galottis, der als Schutzraum gegenüber der als feindlich deklarierten Außenwelt fungiert, der Repräsentant gerade dieser Außenwelt ein: Marinelli, der seine höfische Intrige zu spinnen sucht. Das Lustschloss des Prinzen wiederum wird für die Galottis schnell vom Zufluchtsort vor dem Überfall zu einem Ort der Bedrohung.

Neben diesen szenisch gegenwärtigen Schauplätzen des Geschehens sind auch noch die nur erwähnten Räume (sogenannte off-stage-Räume) von Bedeutung. Es handelt sich dabei einerseits um jene Räume, die nicht auf der Bühne präsen-

Gegensätzlichkeit der Sphären (statisch)

	familiale Sphäre	**höfische Sphäre**
Herrschafts-struktur	autoritärer Vater (patriarchale Familie)	absolutistischer Herrscher (Fürstentum)
Orte	– Stadthaus der Galottis (Guastalla) – Odoardos Landgut (Sabionetta) – Appianis Täler von Piemont	– Residenzschloss des Prinzen (Guastalla) – Haus des Kanzlers Grimaldi – Lustschloss des Prinzen (Dosalo)
Normen und Werte	– Privatheit – Natürlichkeit – Spontaneität – Tugend	– Staatsgeschäfte – Zeremoniell – Etikette – Skrupellosigkeit
Ehe- bzw. Liebes-konzepte	– Liebesheirat (individuelle Partnerwahl) – Treue (sexuelle Exklusivität)	– politische Heiraten (Machtkalkül) – Mätressenwesen (erotischer Genuss)

Interaktion der Sphären (dynamisch)

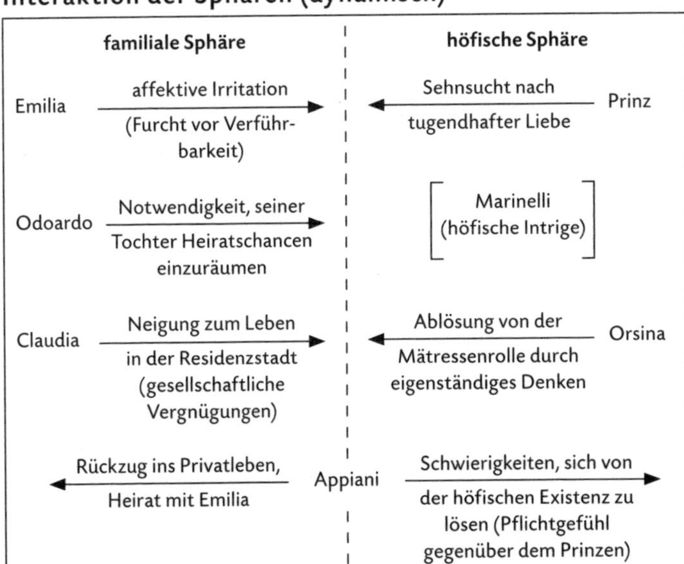

Zeit- und Raumstruktur des Dramas

	Szenen	Handlung ›off-stage‹	genannte Räume
			Vegghia im Haus der Grimaldis: erste Begegnung zwischen Prinz und Emilia
Handlungsbeginn – Morgen	1. Aufzug: Kabinett im Residenzschloss des Prinzen (Guastalla)		– Landgut Odoardos bei Sabionetta – Lustschloss des Prinzen in Dosalo – Dominikanerkirche in Guastalla
Morgen – Mittag	2. Aufzug: Stadthaus der Galottis (Guastalla)	Kirche: 2. Begegnung zw. Hettore Gonzaga und Emilia Galotti	– Haus des Kanzlers Grimaldi – Appianis Täler in Piemont
Mittag – Abend	3. bis 5. Aufzug: Vorsaal im Lustschloss des Prinzen (Dosalo)	Straße in der Nähe des Lustschlosses: Überfall auf die Hochzeitskutsche Innenräume des Lustschlosses: Emilia u. der Prinz Innenräume des Lustschlosses: Emilia u. Claudia	– Kloster – Haus der Grimaldis – Haus der Galottis (Guastalla)

tiert werden, an denen jedoch etwas Handlungsrelevantes geschieht, andererseits um Imaginationsräume, nach denen man sich sehnt. Die off-stage-Räume können entweder als Orte der Bedrohung oder auch als Zufluchtsorte erscheinen. Bedrohliche off-stage-Räume in *Emilia Galotti* sind die Kirche, das Haus der Grimaldis oder der Ort des Überfalls. Hier wird wiederum die konventionelle Ordnung der Räume gestört. So erscheint die Kirche, eigentlich ein Ort der Andacht, als eine Sphäre erotischer Annäherung, die Emilia in tiefe Verwirrung stürzt. Ähnlich entpuppt sich auch das Haus des Kanzlers als ein ›Freudenhaus‹, in dem Emilia die erotischen Wünsche des Prinzen erfüllen soll. Auf dem Weg nach Sabionetta, als sich das Brautpaar bereits in der Sicherheit einer familialen Ordnung wähnt, geschieht plötzlich der Überfall; die Personen werden aus ihrem Lebensplan herausgerissen.

Alle anderen off-stage-Räume gehören dem Rückzugsbereich der Galottis an. Zu nennen sind die Täler von Piemont, wohin Graf Appiani mit Emilia gehen möchte, das Landhaus in Sabionetta, wo Odoardo zurückgezogen von der höfischen Sphäre lebt, aber auch das Kloster, in das er Emilia stecken möchte, nachdem ihr Bräutigam umgebracht worden ist. Vor allem Appianis Täler von Piemont und Odoardos Landgut in Sabionetta stellen Sehnsuchtsorte einer abgeschiedenen Existenz dar, die in ihrem Gegensatz zu den Räumen des höfischen Lebens – den Schlössern Guastalla und Dosalo – nach dem überkommenen Stadt-Land-Topos modelliert sind. Es handelt sich in der Ideologie Odoardos und seines künftigen Schwiegersohnes um Orte der Tugend, die in Opposition zu den städtisch-höfischen Orten des Lasters stehen. Auffällig ist indes, dass die Absenz dieser Räume ihrerseits semantisch aufgeladen ist: Dass sie nur genannt, erstrebt oder imaginiert werden, verdeutlicht das Illusorische des bloß defensiv ausgerichteten familienzentrierten Existenzentwurfs.

2 Figuren

Lessings Drama *Emilia Galotti*, das in der Tradition des bürgerlichen Trauerspiels steht, reflektiert die Widersprüche, Spannungen, Konflikte zwischen den Verhaltensweisen, Wertvorstellungen, geschlechtsspezifischen Mustern in der spätabsolutistischen Gesellschaft des 18. Jahrhunderts, die es gewissermaßen auf die italienischen Verhältnisse im 17. Jahrhundert projiziert. Es sind Spannungen, die nicht nur zwischen den Ständen, sondern auch innerhalb der Stände bestehen, wobei ›Stand‹ hier primär keine soziale Zugehörigkeit, vielmehr eine ideologische Orientierung meint. So prägt der im 18. Jahrhundert sich formierende bürgerliche Stand vor allem eine Lebensform und die mit ihr verbundene Gesinnung: Gegen die auf Repräsentation ausgerichtete adlige Existenz wird nun das Private, an zwischenmenschlicher Nähe ausgerichtete Dasein einer Kleinfamilie gestellt, die sich ganz anderen Werten verpflichtet fühlt als die höfische Welt.

Das Leben des Menschen enthält viel Glückseligkeit. Man sollte uns nur früh lehren, sie nicht glänzend, auch nicht ununterbrochen zu denken. Im Zirkel einer guten Haushaltung ist tausendfache Freude [...]. Hausväterwürde ist die erste und edelste, die ich kenne. Ein Menschenfreund, ein guter Bürger, ein liebevoller Gatte und Vater, in der Mitte seiner Hausgenossen – wie alle auf ihn sehen – wie alle von ihm empfangen, und er, im Gedeihen des Guten, wieder von allen empfängt – O das ist ein Bild, welches ich mit frommer Rührung, mit Entzückung ehre! Und in einer Landhaushaltung, meine ich, könnte das am besten so sein.

Auszug aus August Wilhelm Ifflands Erfolgsstück »Die Jäger« (1785). In: Theater von August Wilhelm Iffland, Band 2. Wien 1843, S. 228 f.

Nach diesem Gegensatz sind auch die Figuren in *Emilia Galotti* modelliert; sie teilen sich in zwei verschiedene Gruppen, die in eigentümlicher Dialektik aufeinander bezogen sind: Auf der einen Seite stehen die Mitglieder der Familie Galotti, die zwar dem Adel zugehört, aber mit ihrer Orientierung auf die intimisierte kleinfamiliale Welt jenseits der höfischen Öffentlichkeit spezifisch bürgerliche Werte vertritt – genauso wie der Graf Appiani, der Emilia heiraten möchte. So ist es denn auch zu verstehen, wenn Lessing im Brief an Nicolai vom 21. Januar 1757 *Emilia Galotti* eine »bürgerliche Virginia« nennt (FA, Band 11/1, S. 267). Nicht im sozialen, sondern im ideologischen Sinn handelt es sich hier um Bürgerliche. Auf der anderen Seite stehen dagegen die Vertreter der höfischen Existenzform, ausgerichtet auf den absolutistisch regierenden Prinzen. Im Folgenden sollen zunächst die Repräsentanten der anti-höfischen, dann die der adligen Wertewelt einzeln charakterisiert werden. Da diese Charakterisierungen dazu dienen, die eigentliche Deutung des Stücks vorzubereiten, münden sie mitunter in Fragen, die dann in den anschließenden Interpretationen beantwortet werden.

Odoardo Galotti

Für Odoardo ist seine Familie ein Hort der Tugend; die Welt außerhalb der Familie, der Hof und die adligen Verhaltensweisen sind für ihn verabscheuungswürdig. Mit aller Anstrengung bemüht er sich, diese beiden Bereiche voneinander getrennt zu halten, er will sogar, dass Emilias Kirchgang kontrolliert wird, damit kein lasterhafter Mensch in den Bereich der Familie einzudringen vermag. Die Familie wird für ihn zum Schutzraum, der sich gegen die außerfamiliale Welt formiert, die ihm als eine Welt der Unmoral erscheint.

Doch andererseits ist es keineswegs so, dass die Familie ein in sich intaktes Wertemuster ausbildet, das sich hermetisch gegen die äußere Welt des Hofes abschirmt. Schon die Tatsache, dass Odoardo sein Ideal einer weltabgewandten familialen Gemeinschaft nicht realisieren kann, sondern alleine auf seinem Landgut leben muss, während Frau und Tochter in der Stadt wohnen, verweist darauf, dass die Familie der Galottis keineswegs so in sich abgeschlossen ist, wie es Odoardos Wertvorstellungen entspricht. Dass Mutter und Tochter getrennt von dem Familienoberhaupt in der Residenzstadt leben, scheint auf den ersten Blick nur an Claudias Wunsch zu liegen, »die Zerstreuung der Welt, […] die Nähe des Hofes« (II,4, S. 31) zu suchen. Das ist jedoch die Perspektive Odoardos. Tatsächlich geht es darum, dass die Tochter einem potenziellen Ehemann nicht auf dem väterlichen Landgut, sondern nur in der Residenz begegnen kann.

Als Repräsentant der kleinfamilialen Welt ist Odoardo sozial desorientiert. Das zeigt sich besonders daran, dass er zwischen den Rollen des fürsorglichen Vaters auf der einen Seite und des tyrannischen Kontrolleurs auf der anderen Seite schwankt. Alles, was jenseits der Familienordnung liegt, wird von ihm als verabscheuungswürdige Sphäre des Lasters gebrandmarkt. Bezeichnend ist, wie Odoardo reagiert, als er von der Begegnung des Prinzen mit Emilia im Haus der Grimaldis hört: »Ha! wenn ich mir einbilde – Das gerade wäre der Ort, wo ich am tödlichsten zu verwunden bin! – Ein Wollüstling, der bewundert, begehrt. – Claudia! Claudia! der bloße Gedanke setzt mich in Wut.« (II,4, S. 33) Odoardo ist nicht in erster Linie im Hinblick auf Emilia betroffen, die von einem Wollüstling in die Sphäre des Lasters gezogen werden könnte, sondern im Hinblick auf sich selbst. Er äußert nicht seine Angst um Emilias Unberührtheit, sondern Sorge um seine moralische Integrität. »Das gerade wäre der Ort, wo *ich* am tödlichsten zu verwunden bin!« – so seine selbstbezogene Rede. Würde nämlich die durch ihn repräsentierte familiale

Ordnung durch den Übergriff eines Wollüstlings zerstört, wäre er in seiner Rolle als schützendes Familienoberhaupt und damit in seiner moralischen Existenz vernichtet. Dies ist der implizite Zusammenhang, den Odoardo in seiner Reaktion andeutet. Für ihn ist seine Tochter, die ein männliches Begehren auf sich lenken könnte, das sich den väterlichen Geboten nicht fügt, die Schwachstelle der von ihm gegen die feindliche Welt zu verteidigenden Familie. Er hat sicherzustellen, dass der Liebhaber ein künftiger Ehemann ist und nicht ein Verführer, der die Tochter um ihren guten Ruf bringt und damit den Vater moralisch diskreditiert.

Zwar gelingt es Odoardo schnell, seine Wut zu zügeln; aber nicht, weil er Emilia für unverführbar hält, sondern weil er glaubt, dass sie am selben Tag noch in den Schutzraum einer neuen Familie gelangen wird und fortan als Ehefrau jedem fremden Begehren entzogen ist. Der kritische Moment im Übergang seiner Tochter aus der Herkunftsfamilie in die Zeugungsfamilie scheint für Odoardo zu seiner vollsten Zufriedenheit überwunden zu sein. Kritisch ist dieser Moment, weil nach dem familialen Selbstverständnis die Ehe auf persönlicher Liebe basiert – nur so ist ja die Rechtfertigung des städtischen Aufenthalts zu verstehen – und somit prinzipiell dem väterlichen Einfluss entzogen ist. Um jedoch zu garantieren, dass Liebe zu Heirat führt, ist für Odoardo die Aufsichtspflicht der Eltern gegenüber der heiratsfähigen Tochter unabweisbar. Die elterliche Angst vor ungebundener Sexualität ist groß. Die Warnung vor Heiratsschwindlern und die Ermahnung zu elterlicher Obacht auf die Jungfräulichkeit der Tochter gehören denn auch zum moralisch-literarischen Kanon des 18. Jahrhunderts. Odoardos beständige Angst vor einer vorehelichen Verführung seiner Tochter folgt diesem zeitgenössischen Diskurs, der die Tugend beschwört, um die Sinnlichkeit in die Ordnung der Ehe zu bannen.

Indem Emilia Appiani heiraten will, erfüllt sie alle Wünsche ihres Vaters. Seine Tochter hat nicht nur den aus seiner Sicht idealen Ehemann gefunden; sondern in ihrer Ehe soll sein eigenes Lebenskonzept erst seine wahre Erfüllung finden. Diese Ehe realisiert, was Odoardo sich immer wünschte: die weltabgeschiedene Familieneinheit, die sich strikt gegen die Außenwelt abgrenzt. Odoardo identifiziert sich also nicht mit dem Glück seiner Tochter, sondern er identifiziert sie mit seinem Glück. Dies zeigt sich auch darin, dass er trotz des Einwands der Mutter, es würde Emilia »schmerzen, deines Anblicks so zu verfehlen«, nicht auf seine Tochter warten will, sondern gleich wieder aufbricht, um seinen künftigen Schwiegersohn aufzusuchen: »Kaum kann ich's erwarten, diesen würdigen jungen Mann meinen Sohn zu nennen. Alles entzückt mich an ihm. Und vor allem der Entschluss, in seinen väterlichen Tälern sich selbst zu leben.« (II, 4, S. 31)

Für Odoardo ist Appiani die Inkarnation seiner eigenen Wunscherfüllung, die Realisierung aller seiner Wertvorstellungen. Die bevorstehende Heirat bestätigt ihm dabei nachdrücklich, wie sehr Emilia mit dem übereinstimmt, was er für richtig hält: mit einem moralisch einwandfreien Leben im gesellschaftsfernen Binnenraum der Familie.

So erscheint Odoardo zunächst als konsequenter Charakter, der identisch mit seiner Wertewelt ist und entschieden alles ablehnt, was sie gefährden könnte. Dennoch verhält sich dieses Muster an Tugend und Familiengesinnung auf dem Lustschloss des Prinzen wie ein Untertan, der sich alles gefallen lässt. Zwar ist er zu Beginn seiner drei Monologe entschlossen, Maßnahmen zur Rettung seiner Tochter zu ergreifen; doch am Ende ist der anfängliche Handlungsimpuls gänzlich verflogen. Nach dem letzten Monolog will er sich sogar aus dem Staub machen und Emilia ihrem Schicksal überlassen (vgl. die exemplarische Interpretation zu V, 2–6, dort S. 98).

Michael König als Odoardo Galotti und Johanna Wokalek als seine Tochter Emilia in Andrea Breths Inszenierung am Wiener Akademietheater.

Claudia Galotti

Der Haltung von Emilias Vater Odoardo steht die ihrer Mutter Claudia kontrastiv gegenüber. Sie hat sich innerlich von ihrem Mann entfernt, dessen Vorwürfe gegen ihr ›weltliches‹ Leben in der Residenzstadt sie als »ungerecht« empfindet (II, 4, S. 31). Claudia fühlt sich durchaus angezogen von der höfischen Welt; sie stimmt insofern nicht mit den Wertvorstellungen ihres Mannes überein. Die anti-höfische Lebensweise der Galottis produziert für Claudia vielmehr einen Mangel, der für sie die höfische Existenzweise gerade attraktiv erscheinen lässt. Offenbar fühlt sich Claudia nach ihrer Heirat mit Odoardo nicht mehr als Geliebte umworben, wie ihr Hinweis an Emilia nahelegt, dass aus »dem Liebhaber« mit der Heirat »oft ein ganz anderes Geschöpf« werde (II, 6, S. 37). Deshalb kann sie sich so stark mit ihrer Tochter identifizieren, die vom Prinzen auf der Vegghia im Haus des Kanzlers Grimaldi umworben wird. Während der Vater hier eine Gefahr für die Integrität seiner Tochter und damit auch seiner selbst wittert, sieht die Mutter im zuvorkommenden Verhalten des Prinzen den Ausdruck seiner Wertschätzung, durch die sie sich selbst geschmeichelt fühlt. Odoardo tadelt sie deshalb als »eitle, törichte Mutter« (II, 4, S. 33).

Auf Odoardos »strenge[ ] Tugend« (II, 4, S. 32) reagiert sie mit Kommunikationslosigkeit und hält sogar ihre Tochter dazu an, die Begegnung mit dem Prinzen in der Kirche vor Odoardo und Appiani zu verschweigen. Zwar erwartet auch die Mutter von Emilia, dass sie sich als sittsame junge Frau zeigt, die das Liebesgeständnis des Prinzen, wie geschehen, zurückweist und ihm ihre ganze Verachtung bezeugt. Allerdings fürchtet Claudia sich vor Odoardos »Wut« (II, 6, S. 36), die sich gegen die Tochter, aber auch gegen sie selbst richten würde, wenn er von dem Vorfall erführe. Ganz anders als der misstrauische Odoardo, der überall Gefahr wittert, verharmlost Claudia das Geschehen – was schließlich fatale Folgen zeitigt. So rät sie Emilia nicht nur, gegenüber Odoardo und Appiani von der Begegnung in der Kirche zu schweigen, um Dissonanzen mit dem Vater und dem künftigen Ehemann zu vermeiden, sondern empfiehlt ihr darüber hinaus, das Erlebte einfach »für einen Traum« zu nehmen (II, 6, S. 37). In umgekehrter Weise zeigt sich dieser Hang zur Verharmlosung auch, als sie Emilias Angsttraum von den Perlen, die angeblich Tränen bedeuten, auf einen Realitätsgehalt zu bringen sucht, der gar nichts Bedrohliches mehr enthält: »Warest du nicht von jeher eine größere Liebhaberin von Perlen, als von Steinen?« (II, 7, S. 40)

Als dann aber nach dem Überfall auf die Hochzeitskutsche Emilia unter dem Vorwand der Rettung entführt wird und die ihr nacheilende Claudia erfährt, dass sie sich im Lustschloss des Prinzen befinden, ahnt sie, was wirklich geschehen ist. Erst jetzt entwickelt sie ein angemessenes Gefahrenbewusstsein und agiert mutig als schützende Mutter. So bezeichnet sie den Kammerherrn Marinelli, der sie von Emilia fernhalten will, als »Abschaum aller Mörder« und dringt entschlossen wie eine »Löwin, der man die Jungen geraubet« (III,8, S. 62), zu ihrer Tochter vor. Schließlich bleibt ihr aber nur, Odoardo, der später hinzukommt, ihre und Emilias Unschuld zu beteuern, indem sie ihn als »Beschützer« und »Retter« apostrophiert, der die Familie aus den Händen des Prinzen befreien soll (IV,8, S. 83). Ihren vorigen Mut schöpfte sie also aus der Hoffnung, Odoardo werde seine Funktion als Beschützer der Familie erfüllen.

Emilia Galotti

Emilia Galotti ist zwar die Titelfigur des Trauerspiels, aber keineswegs dessen Hauptcharakter; sie hat denn auch nur vergleichsweise wenige Auftritte (insgesamt sechs, vgl. die Konfigurationstabelle auf Seite 80 dieses Bands). Lessing hat dieses Zurücktreten ihres Charakters im Brief an seinen Bruder Karl vom 10. Februar 1772 selbst reflektiert:

> Weil das Stück Emilia heißt, ist es darum mein Vorsatz gewesen, Emilien zu dem hervorstechendsten, oder auch nur zu einem hervorstechenden Charakter zu machen? Ganz und gar nicht. Die Alten nannten ihre Stücke wohl nach Personen, die gar nicht aufs Theater kamen. (FA, Band 11/2, S. 352)

Soll dieser Verweis auf eine Praxis in den Dramen der klassischen Antike die Titelwahl für das Stück rechtfertigen, so begründet Lessing im Weiteren mittels seiner eigenen Idealvorstellung von einem unverheirateten Mädchen, weshalb Emilias Charakter so ›unbedeutend‹ sei:

> Die jungfräulichen Heroinen und Philosophinen sind gar nicht nach meinem Geschmacke. [...] Ich kenne an einem unverheirateten Mädchen keine höhere Tugenden, als Frömmigkeit und Gehorsam. (FA, Band 11/2, S. 352)

Offensichtlich ist Emilias Charakter im Sinne eines solchen passiven Tugendideals konzipiert und eben deswegen nicht »hervorstechend«. Doch gerade auch daraus resultiert der tragische Konflikt. Deutlich wird, dass Emilia in erster Linie ein »unverheiratetes Mädchen« ist, das auf die Tugenden »Frömmigkeit und Gehorsam« angewiesen ist, weil es sich in einer prekären Übergangssituation befindet, die vor dem Hintergrund des zeitgenössischen Konzepts der Liebesheirat zu verstehen ist. Dramatischer Ort dieses Übergangs von der Herkunfts- in die Zeugungsfamilie ist die Residenzstadt; denn außer Claudias Vorliebe fürs Stadtleben, die Odoardo ihr zum Vorwurf macht, gibt es noch andere Gründe dafür, dass Frau und Tochter nicht auf dem Landgut leben. Zwei fundamentale Bedingungen der Familie können nämlich nicht in der Abgeschiedenheit einer gesellschaftsfernen Existenz realisiert werden, sondern bedürfen der Bindung an die Gesellschaft. Es geht um Erziehung und Liebesheirat. Zum einen, so Claudias Standpunkt, müsse sie mit der Tochter in der Stadt leben, weil Emilia nur hier eine anständige Erziehung bekommen könne, zum anderen könne Emilia nur hier den Mann fürs Leben finden (vgl. II, 4, S. 31 f.). Das hat seinen Grund darin, dass mit dem Aufkommen der Liebesheirat (auf die das in der Spätrenaissance spielende Drama anachronistisch Bezug nimmt, da diese Liebeskonzeption sich erst im 18. Jahrhundert herausbildet) die Ehe nicht mehr von den Eltern beziehungsweise vom Vater arrangiert wird. Stattdessen müssen sich die Brautleute nun vorher kennenlernen, um sich selbstbestimmt füreinander zu entscheiden. Die Tochter muss sich also in der

Gesellschaft zeigen und deren Umgangsformen erlernen, um für einen künftigen Bräutigam attraktiv zu sein. Deshalb hat die Familie sich ein Stück weit zur Gesellschaft hin zu öffnen, muss die Tochter die Chance bekommen, ihrem künftigen Ehemann außerhalb der Familienordnung zu begegnen. Es gibt also einen kleinen Übergangsraum, in dem die Tochter sich den Augen der Männer preisgibt, deren Begehren auf sich lenkt, um dann, wenn sich der Geliebte nicht als Verführer, sondern als Heiratswilliger entpuppt, in die neue Zeugungsfamilie einzugehen. Dementsprechend argumentiert auch Claudia, dass Emilia einzig in der Stadt ihren künftigen Ehemann Appiani kennenlernen konnte: »Hier, nur hier konnte die Liebe zusammenbringen, was füreinander geschaffen war. Hier nur konnte der Graf Emilien finden; und fand sie.« (II, 4, S. 32) Beide Faktoren, Erziehung und Liebesheirat, begründen also, warum Emilia mit der Mutter in der Residenzstadt lebt und der Prinz sie dort überhaupt zu Gesicht bekam.

Doch zunächst scheint Emilias Übergang von der Herkunfts- in die Zeugungsfamilie völlig unproblematisch abzulaufen; denn Appiani erscheint von Anfang an als der ideale Schwiegersohn, der im Schwiegervater wiederum sein eigenes Ich-Ideal erblickt. So ist für Emilia die Eheschließung allem Anschein nach keine krisenhafte Phase der Ablösung von der sie bislang prägenden Bindung an die Eltern: Sie muss sich ja gar nicht von ihnen ablösen. Auch als Braut und baldige Ehefrau bleibt sie weiterhin eine Tochter, sie hat nur den Bezugspartner gewechselt; nicht mehr Odoardo, sondern Appiani, für jenen der perfekte Schwiegersohn, tritt ihr als verjüngte Ausgabe ihres Vaters entgegen.

Gerade auch durch die Tatsache, dass Emilia den Grafen Appiani heiraten will, erweist sie sich als eine ›fromme‹ und ›gehorsame‹ Tochter – schließlich macht sie den Wunsch ihres Vaters zu ihrem eigenen Wunsch. Emilia hat nicht gelernt, eigenständig mit außerfamilialen Erfahrungen umzugehen. Bestes Beispiel hierfür ist ihr Verhalten bei der Begegnung mit dem Prinzen in der Kirche. Ignorierungswünsche und Flucht sind ihre einzige Reaktion. Das ganze Stück bis hin zum vierten Aufzug zeigt sie als eine ängstliche Person, die hilflos der jeweiligen Situation ausgeliefert ist. Wie kommt es dann, dass sie im fünften Aufzug so ganz anders erscheint (für manche zeitgenössische Interpreten agiert sie geradezu in stoischer Gesinnung – aus dem Geist einer Römerin)? Lessing selbst stellt im Brief an seinen Bruder vom 10. März 1772 fest: »Am Ende wird denn auch freilich der Charakter der Emilia interessanter, und sie selbst tätiger.« (FA, Band 11/2, S. 352) Liegt hier etwa ein Bruch in ihrer Charakterzeichnung vor? In seinen theoretischen Äußerungen hat Lessing sich allerdings stets für eine gleichförmige, wohlmotivierte, bruchlose Charakterdarstellung ausgesprochen. Passen Theorie und Praxis in diesem Fall nicht zusammen?

Noch etwas anderes ist vielen Deutern bis heute ein Rätsel geblieben: Wie kann Emilia – gleichsam an der Leiche ihres Verlobten – davon sprechen, sie habe »so warmes Blut, als eine« (wie jede andere; V, 7, S. 98) und fürchte sich vor Verführung, und zwar ausgerechnet durch den Prinzen, von dem sie doch weiß, dass er den Mord an Appiani veranlasst hat? So wundert sich bereits Lessings Zeitgenosse Matthias Claudius, indem er Emilia moralische Inkonsequenz vorwirft:

> Eines kann ich mir in diesem Augenblick nicht recht auflösen, wie nämlich die Emilia […] sozusagen bei der Leiche ihres Appiani an die Verführung eines andern und dabei an ihr warmes Blut denken konnte. Mich dünkt, ich hätte in ihrer Stelle halb nacket durch ein Heer der wollüstigsten Teufel gehen wollen, und keiner hätte es wagen sollen, mich anzurühren. (Zitiert nach Steinmetz, S. 89)

Diese Irritationen über die Gefühle und Verhaltensweisen von Emilia machen es nötig, insbesondere den fünften Aufzug näher zu analysieren (vgl. S. 94–110 dieses Bands).

Denn sagen Sie selbst, mein Freund, wie kann sich Emilie, in ihrer jetzigen Lage, vor Verführung fürchten? und vor Verführung vom Prinzen? Sie weiß, wie sie selbst gesteht, warum Appiani tot ist, dieser ihr teurer, geliebter Appiani, dessen Tod ihr, wo sie nicht das nichtswürdigste Mädchen ist, an die innerste Seele gehen muß; sie sieht gleichsam sein Blut noch an den Händen des Prinzen kleben: und wäre nun dieser Prinz ein Adonis, wäre er der liebenswürdigste aller Sterblichen, so müßte er ihr doch um dieses Blutes willen, in diesem ersten Augenblicke der empörten Leidenschaft, das gräßlichste, verabscheuungswürdigste Ungeheuer dünken, das je die Erde getragen. Dazu kömmt noch, daß sie den ganzen Plan durchsieht, den er gegen ihre Tugend gemacht, diesen ehrlosen, schändlichen Plan: und wie sehr muß nicht das, bei einem so frommen, so ehrliebenden, für ihre Seele so besorgten Mädchen, den vorigen Abscheu noch verstärken! Immer mag ihre Religion ihr sagen, daß bei der Verderbnis des menschlichen Herzens kein Verbrechen unmöglich sei: in der jetzigen Verfassung kann ihre Seele auf keinen Gedanken achten, keinen Gedanken annehmen, als der ihrem äußersten Abscheue gegen den Prinzen gemäß ist, ihn verstärkt, ihn bestätigt. Wenn sie sich also nicht vor Gewalt fürchtet, vor ebender Gewalt, die ebenjene Heiligen vermeiden wollten, da sie sich in die Fluten stürzten; vor was sonst kann sie sich fürchten? Davor nimmermehr, daß je der Prinz ihr gefallen, daß je ihr Blut für ihn wallen [...] [sollte]; oder ich gestehe gern, daß ich keinen Begriff von dem habe, was ein menschliches Herz ist.

Der zur Berliner Aufklärung gehörende Schriftsteller und Philosoph Johann Jakob Engel über Lessings Emilia (zitiert nach Steinmetz, S. 103 f.)

Graf Appiani

Nicht nur der Prinz fühlt sich von Emilia angezogen, sondern auch Appiani hat sich von ihr begeistern lassen. Während der Prinz aber Emilia nur zu seiner Geliebten machen möchte, da er ja den politischen Heiratsgeboten untersteht, die ihn nötigen, seine Brautwahl nach den Regeln des Machterhalts zu treffen, will Appiani, der ja ebenfalls von hohem Adel ist und bislang am Hof gelebt hat, diesen verlassen, um Emilia zu heiraten und mit ihr in die einsamen Täler von Piemont zu ziehen. Es sieht so aus, als habe für Appiani die höfische Welt ihre Geltungskraft gänzlich verloren, als habe er sich vollständig der bürgerlich konnotierten Wertewelt Odoardos unterworfen. Er erscheint gleichsam als Abtrünniger der Adelswelt, als Repräsentant einer Rückzugsmoral, die Odoardo selbst nur unvollständig verwirklichen konnte, da seine Ehefrau und Tochter fernab in der Stadt leben.

Umgekehrt betrachtet Appiani Odoardo als persönliches Vorbild, das für ein neues Lebensideal fern des lasterhaften Hofes steht. Fast will es scheinen, als beabsichtige er Emilia nur zu heiraten, um zum Sohn Odoardos zu werden. Als Emilia und er erstmals durch die Bühnenhandlung zusammengeführt werden, schwärmt er ihr von ihrem Vater vor:

> Eben habe ich mich aus seinen Armen gerissen: – oder vielmehr er, sich aus meinen. – Welch ein Mann, meine Emilia, Ihr Vater! Das Muster aller männlichen Tugend! Zu was für Gesinnungen erhebt sich meine Seele in seiner Gegenwart! Nie ist mein Entschluss immer gut, immer edel zu sein, lebendiger, als wenn ich ihn sehe – wenn ich ihn mir denke. Und womit sonst, als mit der Erfüllung dieses Entschlusses kann ich mich der Ehre würdig machen, sein Sohn zu heißen; – der Ihrige zu sein, meine Emilia? (II,7, S. 39)

Deutlich wird, dass es für Appiani vor allem wichtig ist, der Schwiegersohn von Odoardo zu sein. In Odoardo verehrt Appiani denjenigen, für den in bürgerlicher Gesinnung die Familie die abgeschirmte Privatsphäre ist, in der Moralität und Natürlichkeit herrschen. Appiani hat es aufgrund seines Reichtums nicht nötig, sich in Abhängigkeit von einem Fürsten zu begeben, der den Hofadel domestiziert, indem er ihn unter seine Gunst zwingt. Er ist kein Höfling, der sich unterwerfen muss, sondern ein unabhängiger Adliger. Gegenüber Marinelli, der keine Existenz außerhalb der höfischen Welt hat, betont er: »Ich gebe zu, daß Sie dem Prinzen unbedingtern Gehorsam schuldig wären. Aber nicht ich. – Ich kam an seinen Hof als ein Freiwilliger. Ich wollte die Ehre haben, ihm zu dienen: aber nicht sein Sklave werden.« (II, 10, S. 45)

Appiani schließt sich den anti-höfischen Wertvorstellungen Odoardos an; er will aus Liebe und nicht aus Herrschaftskalkül die Ehe mit Emilia eingehen, die ja nur dem niederen Landadel angehört und deshalb in Marinellis Augen ein »Mädchen ohne Vermögen und ohne Rang« ist. Was Marinelli nicht nachvollziehen kann: »Tugend und Gefühl« sind Appianis Beweggründe, ein solches »Missbündnis« einzugehen (I, 6, S. 20). Damit verkörpert er die Werte einer Aufklärung, für die Rang und Stand nicht so wichtig sind wie Gefühl, Tugend und familiale Privatheit. Wenn er dem absolutistischen Hof den Rücken kehrt, zeigt das, dass Aufklärung und Absolutismus keine Einheit zu bilden vermögen. Doch reißt sich Appiani aus der Sphäre des absolutistischen Hofs nicht ganz so einfach los, wie es auf den ersten Blick scheinen mag. Seine ernste Stimmung am Tag der geplanten Hochzeit, nach der er sich ins ›bürgerliche‹ Privatleben zurückziehen möchte, verweist darauf, dass er seine bisherige Existenz als Angehöriger des Residenzadels nicht unbeschwert, sondern in einer ambivalenten Gefühlslage hinter sich lässt.

Prinz Hettore Gonzaga

Der Prinz Gonzaga wird von Anfang an nicht als kühler Machtpolitiker geschildert, sondern als ein zwiespältiger Mensch, der sich seinen Empfindungen überlässt, sich mit aufgeklärten Räten wie Camillo Rota umgibt und gegen höfische Konventionen und herrschaftliches Kalkül verstößt. Der Prinz führt seine Regierungsgeschäfte nicht am straffen Zügel eines machiavellistischen Kalküls, sondern ist von Emotionen geprägt, die ihn aus der Bahn rationaler Herrschaft werfen, ihn der Willkür seiner Empfindungen unterwerfen. So hat der Hof mit seiner Etikette, seiner Gefühlskontrolle und seinen Herrschaftskalkülen für den Prinzen seine identitätsverbürgende Kraft verloren, wenn auch nicht so deutlich wie für Appiani, der sich überhaupt nicht mehr den Bedingungen höfischer Rationalität fügen will, sondern seine Freiheit jenseits aller gesellschaftlichen Ordnungen in der Zweisamkeit mit Emilia sucht.

Zunächst sieht es zwar so aus, als würde der Prinz in seiner Leidenschaft einfach in den umfriedeten Bereich der Familie eindringen und mit Gewalt deren Harmonie zerstören, indem er den Verlobten von Emilia kaltblütig ermorden lässt, um diese anschließend seinen erotischen Wünschen gefügig zu machen. Doch warum hat eigentlich der Prinz, der doch als Herrscher in seinem Reich keinen Mangel an schönen Frauen hat, das Bedürfnis, gerade Emilia um jeden Preis für sich zu gewinnen? Warum erscheint sie ihm besonders attraktiv? Ist sie so überaus schön, dass alle anderen Frauen neben ihr verblassen? Das ist vermutlich nicht der Fall. Man muss vielmehr sehen, dass gerade die höfische Ordnung, in die der Prinz eingebunden ist, für ihn einen Mangel produziert, den er durch seine leidenschaftliche Liebe zu Emilia als Person aus einer dem Hof diametral entgegenstehenden Wertordnung zu kompensieren sucht.

Peter Koller als Prinz und Cornelia Froboess als Emilia 1965 in Helmut Matiaseks Inszenierung am Staatstheater Braunschweig.

Während es auf der einen Seite die ›bürgerliche‹, auf Liebesheirat und Erziehung gründende Familienordnung Odoardo nicht erlaubt, mit Frau und Tochter weltabgeschieden auf seinem Landgut zu leben, da seine Tochter ja noch nicht unter der Haube ist, erlaubt es auf der anderen Seite die auf Etikette und Zeremoniell gründende höfische Verhaltensnormierung dem Prinzen nicht, sich seinen Gefühlen spontan hinzugeben. Eigentlich ist am Hof, wo die Staatsräson herrscht, wo die Ehen nach machtpolitischem Kalkül geschlossen werden, eine strenge Selbstkontrolle nötig. Der Herrscher kann sich nicht seinen persönlichen Gefühlen überlassen; er hat zur Kompensation dieser Affektkontrolle nur die Mätresse, die ihm in den Mußestunden zur Verfügung steht. Der Fürst muss sich also aufspalten in den rational kalkulierenden Herrscher und in den erotisch affizierten Mann. Diese Aufspaltung, die einhergeht mit der Aufspaltung der Frau in die Mätresse einerseits und die nach Herrschaftskalkül ausgesuchte Ehefrau andererseits, ist für den Prinzen allerdings eine große Last. Nicht von ungefähr beneidet er Appiani, der »sich den Eindrücken, die Unschuld und Schönheit auf ihn machen, ohne weitere Rücksicht, so ganz überlassen darf« (I,6, S. 20). Dieser Neid offenbart, dass der Prinz Hettore Gonzaga die höfische Lebenswelt mit ihrem Zeremoniell und ihrer Etikette als eine Zwangsapparatur erfährt. Gerade deshalb sieht er in Emilia gleichsam die Gegenwelt, die ihm all das verspricht, was er in der höfischen Welt nicht finden kann: Natürlichkeit, Moralität und Ungebundenheit. In Emilia imaginiert er sich also das Erfüllungsobjekt seines Wunsches, die defizitäre höfische Welt zu überschreiten: Er liebt sie nicht nur aufgrund ihrer Schönheit, sondern aufgrund der von ihr ausstrahlenden Verheißung einer anderen, besseren, authentischeren Existenz.

Zwar ist Emilias Schönheit Gegenstand seines Gesprächs mit dem Maler Conti, aber dass er sich nicht allein von Emilias Schönheit angezogen fühlt, sondern sie als Produkt einer Daseinsform ansieht, die jenseits seiner Lebenswelt existiert, macht er selbst explizit deutlich. Sie ist die Antithese zu dem, was er bislang erfahren hat. Während für ihn die höfische Lebensform gekennzeichnet ist durch »Zwang, […] Langeweile, und […] Dürftigkeit« (I,6, S. 20), fasziniert ihn an Emilia ihre Natürlichkeit, Offenheit, Spontaneität, ihre Einfachheit, ihre Ungekünsteltheit. Zugleich fühlt er sich durch seine Liebe zu Emilia moralisch geadelt. Auf dieser moralischen Dimension seiner Liebe besteht er nachdrücklich, wenn er sie von der vergangenen Liebe zu seiner ehemaligen Mätresse Orsina abgrenzt: »Als ich dort liebte [er meint seine Beziehung zu Orsina], war ich immer so leicht, so fröhlich, so ausgelassen. – Nun bin ich von allem das Gegenteil. – Doch nein; nein, nein! Behäglicher oder nicht behäglicher: ich bin so besser.« (I,3, S. 12)

Bei Emilia sucht der Prinz keine Behaglichkeit. Hier geht es ihm nicht um bloßes Amüsement; das hatte er ja mit seiner Mätresse. Gegen den Sinn einer höfischen Liebe, der im Zeitvertreib besteht, betont er vielmehr die Moralität seiner Liebe zu Emilia und zeigt dadurch, wie sehr er von außerhöfischen, geradezu bürgerlichen Wertvorstellungen bestimmt ist. Er will den Mangel, den er im Verhältnis zu seinen Mätressen erlebte, durch eine neue, ideale Form von Liebe ausgleichen, die er bei Emilia zu finden glaubt. Seine Sehnsucht nach einer moralischen Liebe lässt sich nicht einbinden in die höfische Welt, in der die Liebe auf Leichtigkeit, Vergnügen, Beiläufigkeit hin orientiert ist, während die Staatsgeschäfte Rationalität, Affektdämpfung und Kalkül zu ihrem Bestimmungsgrund haben.

Deutlich wird schon in den ersten Auftritten, dass Hettore Gonzaga nicht als Herrscher *agiert*, der schon am frühen Morgen seinen Amtsgeschäften nachgeht, sondern als ein emotional gestimmter Liebhaber *empfindet*, der sich nicht auf die sachlichen Belange seiner Herrschaft zu konzentrieren vermag. Der Prinz wird allein von seiner Liebe zu Emilia bestimmt. Alle Informationen haben für ihn nur Gewicht im Bezug auf sie. So zeigt ihn das Drama am Anfang zwar bei der Lektüre von Bittgesuchen, also in seiner Funktion als Machthaber; doch als er dann bei einem Bittschreiben den Namen Emilia liest, ist er sofort bereit, dem Gesuch nur aufgrund der Identität der Vornamen stattzugeben. Auch die weiteren Ereignisse der ersten Auftritte zeigen den Prinzen ausschließlich als einen, der von der Liebe zu Emilia bestimmt ist. Zwar will er sich durch den Maler Conti von seiner Liebe ablenken lassen, aber Emilias Porträt, das dieser mitbringt, verweist ihn wiederum nachdrücklich auf sein Gefühl. Als dann der Prinz etwas später durch Marinelli von Emilias bevorstehender Hochzeit hört, ist das Extrem seiner Gefühlsaufwallung erreicht, die sich als Todeswunsch artikuliert (vgl. I, 6, S. 22). Doch dann rafft er sich zur Tat auf. Zwar ist er emotional völlig aufgewühlt, aber er bestimmt jetzt seinen Kammerherrn Marinelli dazu, ihm Emilia zu verschaffen: »Sie sehen mich einen Raub der Wellen: was fragen Sie viel, wie ich es geworden? Retten Sie mich, wenn Sie können: und fragen Sie dann.« (I, 6, S. 23)

Durch den Fortgang des hiermit initiierten Geschehens wird jedoch gezeigt, wie der leidenschaftlich Liebende vor dem Hintergrund absoluter Verfügungsgewalt inhuman wird: Er ersetzt seinen herrschaftlichen Absolutismus durch einen Liebesabsolutismus, indem er seinem skrupellosen Adlatus Marinelli, der ihm das Objekt seiner Begierde zuführen soll, freie Hand lässt. Aus dem absolutistischen Regenten, der den Machtkalkülen der Herrschaftssicherung folgt, wird der von Gefühlen überwältigte Libertin, der sich der Intrige eines Marinelli überlässt, um an das Ziel seines Begehrens zu kommen, ohne sich selbst die Hände schmutzig zu machen (vgl. IV, 1). Erst angesichts des tödlichen Ausgangs distanziert sich Prinz Hettore entschlossen von seinem Kammerherrn, den er als »Teufel« in der Maske eines Freundes beschimpft und auffordert, sich »auf ewig zu verbergen« (V, 8, S. 101).

Das von Lessing im 59. Stück der *Hamburgischen Dramaturgie* formulierte Ziel, in der dramatischen Dichtung aus den »Maschinen« des Hofes »wieder Menschen zu machen« (FA, Band 6, S. 477), scheint so am Ende des Stücks erreicht zu sein, wenn der Prinz überdies erklärt, »dass Fürsten Menschen sind« (V, 8, S. 101). Doch es scheint nur so – denn in *Emilia Galotti* will Lessing nicht etwa zeigen, dass sich hinter der Fassade der Macht eine humane Gesinnung verbirgt, sondern dass die Herrscher, wenn sie sich ihren Affekten überlassen, aufgrund ihrer absoluten, durch keine Gesetze eingeschränkten Macht zu menschenverachtenden Wesen werden können, die auf ihr Menschsein am Ende, nachdem all die Verbrechen begangen sind, nur zur Entschuldigung verweisen, so als seien sie willenlos in ein Geschehen hineingeraten, über das sie nicht zu verfügen vermochten. Der Prinz will lediglich die Schuld auf Marinelli abwälzen: Dieser sei aufgrund seiner Amoralität allein verantwortlich für die Katastrophe, während er selbst wegen seiner affektiven Betroffenheit nicht kontrolliert habe handeln können. Doch vermag diese Ausrede der Dramenfigur nicht über die Intention des Dramenautors hinwegzutäuschen: Verdeutlicht wird, wie eine empfindsame Gesinnung im Medium absoluter Macht nicht zur Humanisierung der Herrschaft führt, sondern die inhumanen Tendenzen einer Verfügungsgewalt an den Tag bringt, die selbst Mord billigend in Kauf nimmt.

Marchese Marinelli

Für Marinelli, der als Inkarnation des höfischen Reglements agiert, ist die Liebe des Prinzen zu Emilia Galotti ganz unverständlich, und sie kommt für ihn überraschend. Für ihn ist der Hof der einzige relevante Ort, und so liegt es außerhalb seines Vorstellungshorizontes, dass Ereignisse jenseits des Hofes überhaupt von Wichtigkeit sein könnten. Dementsprechend antwortet er auf die Frage des Prinzen: »Geht denn gar nichts vor, in der Stadt?« »So gut, wie gar nichts. – Denn dass die Verbindung des Grafen Appiani heute vollzogen wird, – ist nicht viel mehr, als gar nichts.« (I, 6, S. 19) Der Kammerherr Marinelli ist völlig überrascht davon, dass der Prinz sich über diese Nachricht zutiefst erschüttert zeigt. Als dieser von Emilias Absicht erfährt, heute noch zu heiraten, ruft er aus: »So bin ich verloren! – So will ich nicht leben!« (I, 6, S. 22) Für den Kammerherrn ist es geradezu absurd, der Liebe zu einem Mädchen aus dem niederen Landadel einen so großen Stellenwert einzuräumen. Der Prinz ist unfähig, seine Emotionen rational zu kontrollieren, und so sucht er in Marinelli die Person, die seinen Wünschen mit kühlem Kopf Befriedigung verschafft: »Liebster, bester Marinelli, denken Sie für mich. Was würden Sie tun, wenn Sie an meiner Stelle wären?« (I, 6, S. 23) Marinelli plant daraufhin eine Intrige, und lässt sich hierfür vom Prinzen freie Hand geben. Zunehmend gerät nun der Prinz in der Folge in Abhängigkeit von Marinelli, der ihn immer wieder vor vollendete Tatsachen stellt.

Als Fadenzieher der Intrige ist die Hofschranze Marinelli so recht in ihrem Element. Mit dem Raubmörder Angelo, dessen Bande der Marchese für den Überfall auf die Hochzeitskutsche anheuert, ist er denn auch bereits gut bekannt; offenbar hat er ihm des Öfteren schon zu Diensten gestanden. Und Marinelli weiß die Sache des Prinzen sogleich zu der seinen zu machen. So handelt er nicht allein mit Blick auf dessen Wünsche, auch wenn er dies vorgibt, sondern verfolgt nebenbei eigene Absichten; denn Marinelli kann den Grafen Appiani »nicht leiden«, wie der Prinz selbst zu Beginn bemerkt, der ihn freilich ganz anders sieht: »bei alledem ist er doch ein sehr würdiger junger Mann, ein schöner Mann, ein reicher Mann, ein Mann voller Ehre. Ich hätte sehr gewünscht, ihn mir verbinden zu können.« (I, 6, S. 20) Diese Worte Hettore Gonzagas machen bereits deutlich, weshalb Marinelli den Grafen »nicht leiden« kann – nämlich weil er in seinen Augen ein potenzieller Konkurrent um die Gunst des Herrschers ist, über die sich der Kammerherr vor allem anderen definiert. Und so will er Appiani aus dem Weg räumen, wozu ihm die Bitte des Prinzen gerade recht kommt. Anders als er diesem später versichert, ist die Ermordung des Grafen fest in den fingierten Raubüberfall auf die Brautleute eingeplant – spätestens seitdem Appiani seinen Widersacher als »Affe[n]« (II, 10, S. 45) bezeichnet und damit tödlich beleidigt hat. Der Prinz, der den Tod des Grafen zunächst bedauert, wird damit selbst von Marinelli hintergangen. Darin zeigt sich die Doppelbödigkeit der höfischen Gunsterwerbsstrategien: Da es darum geht, sich der fürstlichen Gunst *mit allen Mitteln* zu versichern, schließen die hierzu nötigen Dienste auch unaufrichtiges Handeln hinter dem Rücken des Herrschers ein.

Gräfin Orsina

Wie sehr die Existenz am Hof von der Gnade des absolutistischen Herrschers bestimmt ist, erweist sich nicht nur an Marinelli, sondern auch an Orsina. So wie sich Marinelli als Werkzeug andient, um dem Prinzen gefällig zu sein und damit die eigene Stellung am Hof zu sichern, so bedeutet die Tatsache, dass die Gräfin Orsina in Ungnade gefallen ist, dass sie ihre höfische Existenz und damit ihr soziales Dasein verwirkt hat. Zwar durchschaut sie all die Ränkespiele und Machenschaften des Hofs, doch gewinnt sie keine Eigenständigkeit im Handeln. Diese Figur war Lessing offenbar besonders wichtig, wie ein Brief aus der Entstehungszeit an seinen Bruder Karl belegt. Am 10. Februar 1772, kurz vor der endgültigen Fertigstellung des Stücks, weist er ihn ausdrücklich auf den »Charakter der Orsina« hin; über ihn wünsche er von seinem Bruder, der alles Gelesene kommentieren sollte, »am meisten zu hören« (FA, Band 11/2, S. 353). Dass er der Figur der Gräfin eine so große Bedeutung beimisst, hängt mit Lessings Bestreben zusammen, ausdrücklich auch Frauen am Wissen der Aufklärung teilhaben zu lassen.

Die Affinität Orsinas zu den Idealen der Aufklärung wird deutlich, wenn man ihren Charakter etwas näher beleuchtet. Orsina ist nicht mehr identisch mit ihrer Rolle als Mätresse, sie erkennt die Hohlheit und Würdelosigkeit ihrer Existenz, empört sich über den Zwang, »nichts als lachen« zu müssen, »um immerdar den gestrengen Herrn der Schöpfung bei guter Laune zu erhalten«, ohne »mitdenken [zu] dürfen« (IV,3, S. 72).

Sie ist eine »Philosophin« (IV, 4, S. 72), wie Marinelli zwar ironisch bemerkt, der damit aber durchaus etwas Richtiges und auch das Selbstverständnis der Gräfin trifft. Ihr Problem besteht allerdings darin, dass sie ihre geistige Selbstständigkeit nicht mit den in der höfischen Welt geltenden Rollengeboten in Einklang zu bringen vermag. In den Augen Gonzagas und Marinellis erscheint sie deshalb einfach als eine »Närrin« (I, 6, S. 19; IV, 2, S. 68), die sich negativ durch »Stolz«, »Hohn« und einen »Ansatz zu trübsinniger Schwärmerei« auszeichnet (I, 4, S. 14).

Eine solche Frau kann für Hettore Gonzaga keine Attraktivität besitzen. Für ihn ist die Frau entweder die Ehefrau, die legalen Nachwuchs hervorbringt, ansonsten aber keine affektive Zuwendung bekommt, oder die Gespielin, die die Zeit vertreibt – bis er dann einem anderen Bedürfnis folgt und in empfindsamer Liebe die tugendhafte Frau begehrt, als die ihm Emilia erscheint. Eine Frau, die den intellektuellen Disput führt, ist jedoch nicht vorgesehen. Die Gräfin weiß dies sehr genau, wie deutlich wird, wenn sie die strikte Rollenzuweisung aus männlicher Perspektive wiedergibt: »Wie kann ein Mann ein Ding lieben, das, ihm zum Trotze, auch denken will? Ein Frauenzimmer, das denket, ist ebenso ekel als ein Mann, der sich schminket.« (IV, 3, S. 72) Nicht von ungefähr bringt Marinelli schon im ersten Aufzug die vermeintliche Verstandestrübung der Gräfin mit ihren geistigen Interessen in Zusammenhang: »Sie hat zu den Büchern ihre Zuflucht genommen; und ich fürchte, die werden ihr den Rest geben.« (I, 6, S. 19)

Auch durch Orsina geht der Riss zwischen Aufklärung und Absolutismus, zwischen Mündigkeit und Unterwerfung. So hat sie zwar den – von Kant in seiner *Beantwortung der Frage: Was ist Aufklärung?* geforderten – Mut, sich ihres eigenen Verstandes zu bedienen; jedoch steht dieser persönliche Mut

Ensembleszene aus Herbert Fritschs Inszenierung von »Emilia Galotti« am Theater Oberhausen (Premiere: September 2011).

im Gegensatz zu ihrer sozialen Rolle als Mätresse, die dem Prinzen in allem nur gefällig sein soll und keinen Widerspruch zu üben hat. Als sie dann merkt, dass sie die Rolle der Mätresse nicht mehr zu spielen vermag, weil ihr der Verstand dabei in die Quere kommt, wird sie vom Hof verstoßen; sie verliert ihre gesellschaftliche Existenz und kompensiert diesen Verlust durch Rachephantasien. So will sie die Mordtat des Prinzen und seines »Spießgeselle[n]« ans Licht der Öffentlichkeit bringen, sie »auf dem Markte ausrufen« (IV,5, S. 77). Zugleich will sie Odoardo zum Instrument ihrer Rache machen: Wenn sie ihm den von ihr mitgebrachten Dolch aufnötigt, denkt sie natürlich nicht daran, dass er damit seine Tochter erstechen wird, sondern daran, dass er den Prinzen töten soll. Auch hier zeigt sich wieder ihre Ohnmacht als eine Person, die zwar in der Sphäre des Denkens Autonomie gewinnt, sich jedoch im gesellschaftlichen Feld nicht zu behaupten vermag.

Konfigurationstabelle zu »Emilia Galotti«

Aufzug / Auftritt	Ort	Emilia Galotti	Odoardo Galotti	Claudia Galotti	Hettore Gonzaga	Mari-nelli	Conti	Graf Appiani	Gräfin Orsina	Bediens-tete
I 1	Ein Kabinett des Prinzen (Guastalla)				X					X 1
I 2					X		X			
I 3					Monol.					
I 4					X		X			
I 5					Monol.					
I 6					X	X				
I 7					Monol.					(X) 1
I 8					X					
II 1	Saal im Hause der Galottis (Guastalla)			X						X 2
II 2			X	X						(X) 2
II 3										X 2
II 4			X	X						(X) 2
II 5				Monol.						
II 6		X		X						
II 7		X		X				X		
II 8				X				X		
II 9				X		X		X		(X) 2
II 10						X		X		
II 11				X				X		
III 1	Vorsaal im Lustschloss des Prinzen (Dosalo)				X	X				
III 2						X				
III 3					X	X				
III 4		X				X				X 3
III 5		X			X	X				
III 6				X		X				X 3
III 7				X		(X)				X 3
III 8		(X)		X		X				
IV 1	Vorsaal im Lustschloss des Prinzen (Dosalo)				X	X				
IV 2					X	X				(X) 3
IV 3						X			X	
IV 4					X	(X)			X	
IV 5						X			X	
IV 6			X			X			X	
IV 7			X						X	
IV 8			X	X					X	
V 1	Vorsaal im Lustschloss des Prinzen (Dosalo)				X	X				
V 2			Monol.							
V 3			X			X				
V 4			Monol.							
V 5			X		X	X				
V 6			Monol.							
V 7		X	X							
V 8		X	X		X	X				

1 = Kammerdiener 2 = Pirro 3 = Battista

3 Gehalt

»Emilia Galotti« als ständekritisches Drama

Lessings Drama ist keineswegs ein Aufruf zur Revolution, wie ältere, marxistische Interpretationen behaupten. Den eigentlichen Gehalt der Virginia-Sage, in der die Tötung der von einem Tyrannen versklavten Tochter durch ihren Vater zum politischen Fanal eines Aufstandes wird, hat Lessing explizit zurückgenommen, indem er jede Öffentlichkeit aus der Szene verbannte, in der Odoardo Emilia ersticht. Schon dass dieser seine Tochter und nicht den Prinzen tötet, zeigt, dass es ihm nicht um einen politischen Umsturz geht. Odoardo ist der anti-höfische Landadlige, der sich von der Sphäre der Macht fernzuhalten sucht. Wenn er in sie hineingerät, entwickelt er zwar Omnipotenzphantasien, hat zugleich aber reale Handlungsblockaden. Auch Claudia Galotti vermag ihre Tochter nicht zu schützen. Im Gegensatz zu ihrem Ehemann ist sie von der Attraktion des Hofes fasziniert und davon angetan, dass der Prinz ihre Tochter wohlgefällig betrachtet, auch wenn sie sich nicht, wie die Mutter von Luise in Schillers Drama *Kabale und Liebe* (1783), mittels ihrer Tochter Aufstiegschancen ausrechnet. Emilia hingegen, die lange bloß als brave Tochter agierte und den vom Vater gewünschten Schwiegersohn als Ehemann auswählte, entwickelt erst auf dem Lustschloss eine gewisse Tapferkeit, um sich gegen die Verlockungen der höfischen Welt zu wehren und um den am Vater registrierten Untertanengeist durch ihr energisches Auftreten zu kompensieren.

Lessings Trauerspiel thematisiert die Widersprüche einer ständischen Welt, in der die einzelnen Figuren nicht in innerer Übereinstimmung mit ihrer Lage leben, da diese Welt sowohl in ihrer höfischen als auch in ihrer anti-höfischen Ausprägung keine legitimierende Kraft hat, die die Figuren gefühlsstabil und handlungssicher auftreten ließe. Auch wenn Lessings Drama keinen revolutionären Appell enthält, so zeigt es doch so viel widersprüchliches Verhalten, dass es die bürgerlichen Zuschauer zur Reflexion anregt, und zwar nicht nur im Hinblick auf die höfische Welt, die kritisch gesehen wird, sondern auch im Hinblick auf die eigene Lage, die auf Selbsttäuschungen hin transparent gemacht wird. Da Lessing den Widerspruch zum kreativen Prinzip seines Denkens erhoben hat, ist es nicht erstaunlich, dass er zwar wesentliche Elemente des zeitgenössischen Menschenbildes aufgreift, zugleich aber kritisch hinterfragt. So tritt ein Herrscher auf, der am Schluss betont, »dass Fürsten Menschen sind« (V, 8, S. 101), jedoch als Fürst unmenschlich agiert, um seine erotischen Bedürfnisse zu befriedigen. Gegen ihn positioniert sich Odoardo Galotti, der versucht, seine Familie als moralischen Binnenraum gegen die ›große Welt‹ scharf abzugrenzen. Für ihn wird die Vorstellung von einer ›wahren‹ menschlichen Existenz jenseits der Gesellschaft, in der Abgeschiedenheit ländlicher Idylle, zum Ausweis einer anti-höfischen Gesinnung.

Durch diese Konstellation werden in dem Drama zwei in ihren Wertorientierungen und Ordnungsvorstellungen diametral entgegengesetzte ›Welten‹ vorgeführt: In der höfischen Welt gelten die Verhaltensregeln des Zeremoniells und der Etikette, die der Kammerherr Marinelli so virtuos zu handhaben versteht. Es wird die Sprache der Galanterie gesprochen, die Emilia blendet; das eheliche Zusammenleben folgt politischen Machtkalkülen; es herrscht eine Staatsräson, die den Prinzen nötigt, zwischen Ehefrau und Geliebter zu unterscheiden. Diese Gesetzmäßigkeiten des Hofes stellen sich im familialen Kreis der Galottis als Laster dar, denen die eigenen Wertvorstellungen entgegengesetzt werden. Für Odoardo ist die Aufspaltung von Liebe und Ehe nicht Ausdruck politischer Klugheit, sondern der Wollust.

Wie kommen nun aber diese beiden verschiedenen Bereiche überhaupt in Kontakt miteinander? Die schlichte Antwort, ein Wollüstling dringe in den umfriedeten Bereich der Familie ein, trifft nur auf den ersten Blick zu; denn keineswegs sind die beiden Lebensformen so streng voneinander getrennt, wie es zunächst den Anschein hat. Bei genauerem Hinsehen produziert jede der beiden Lebensformen vielmehr ein Defizit, das zugleich eine Affinität zur jeweils anderen Lebensform hervorruft. So ist es beim Prinzen offensichtlich, dass er für die Reize Orsinas nicht mehr empfänglich ist, sondern dass für ihn Emilia als Repräsentantin der familialen Ordnung attraktiv erscheint. Auch verharren die Galottis keineswegs in strikter Abwehr gegen die höfische Welt; die weiblichen Familienmitglieder leben ja sogar in der Residenzstadt. Schon die Tatsache, dass Odoardo sein Ideal einer weltabgewandten familialen Gemeinschaft nicht realisieren konnte, zeigt, dass die Familie Kompromisse eingehen muss und auch dazu bereit ist. Mehr noch: Claudias Affinität zum Hof ist Reflex einer Familienordnung, die bei ihr einen Mangel erzeugt. Das gesellschaftliche Leben in der Residenzstadt ersetzt ihr die fehlende emotionale Zuwendung Odoardos, der sie bloß als Patriarch zur Ordnung ruft. Das Familienidyll der Galottis ist somit nicht ungetrübt.

Und umgekehrt wird dem Zuschauer gleich in den ersten Auftritten nachdrücklich demonstriert, dass der Prinz nicht als selbstdisziplinierter Herrscher agiert, der schon am frühen Morgen seinen Amtsgeschäften nachgeht, sondern als ein empfindsam gestimmter Liebhaber, dem jegliches Vermögen zur Konzentration auf die sachlichen Belange seiner Herrschaft fehlt. Wenn er ein ihm zur Unterschrift vorgelegtes Todesurteil mit dem beiläufigen Kommentar »Recht gern« (I, 8, S. 26) unterschreiben will, dann offenbart sich darin nicht nur ein menschenverachtender Despotismus, sondern überdies ein Mangel an Staatsklugheit und Selbstkontrolle. Auch wenn er ein Bittgesuch bewilligt, nur weil eine Emilia es an ihn gerichtet hat, zeigt er sich der Verantwortung seines Amts nicht gewachsen. Hier paart sich absolute Macht mit affektiver Willkür. Konsequent bedient sich Gonzaga höfischer Mittel zur Realisierung seiner unhöfischen Liebe. Sein Kammerherr Marinelli soll ihm den Weg zu Emilia ebnen. Der Fürst, der bloß Mensch sein und seinem Herzen folgen will, bedarf – um als Mensch Fürst zu sein – der kalkulierenden Rationalität seines Kammerherrn. In der Folge dominiert der höfische Intrigant den durch seine Leidenschaften orientierungslos gewordenen Prinzen und treibt ihn zur Billigung von Verbrechen, die die von Hettore Gonzaga selbst als tugendhaft empfundene Liebe zu Emilia desavouieren.

Doch während der Prinz sich nur eine andere Existenz wünscht, die für ihn unerreichbar bleibt, scheint es dem Grafen Appiani zu glücken, ein weltabgewandtes Dasein zu führen. Auch für ihn hat die höfische Ordnung ihre identitätsverbürgende Gewissheit verloren, der Hof ist nicht mehr der Ort, der ihm den Sinn seines Lebens sichern kann. Anders als der Prinz und Orsina verlässt er den Hof tatsächlich und integriert sich in die familiale Lebenswelt Odoardos. In ihr sieht er sein Bestreben nach einer authentischen Moralität jenseits höfischer Konventionen verwirklicht. Er müsste eigentlich ein glücklicher und zufriedener Mensch sein, glaubt er sich doch kurz vor der Erfüllung all seiner Wünsche. Und doch macht er auf der Bühne keinesfalls einen glücklichen und zufriedenen Eindruck. Sein Zögern, den Prinzen über seine Heirat zu informieren, gründet nicht in der Angst vor dem unerwünschten Nebenbuhler (von der Leidenschaft des Prinzen für seine Braut weiß er nichts), sondern in dem Umstand, dass er dem Prinzen zugleich mitteilen müsste, sich dem höfischen Reglement entziehen zu wollen. Dass sich Appiani diesem

Reglement weiterhin verpflichtet fühlt, zeigt ja sein Bewusstsein, sich formal korrekt davon verabschieden zu sollen. Für ihn heißt die radikale Ablösung vom Hof, dass er sich auch von seinem gesamten sozialen Umfeld trennt, einen Bruch mit seinem bisherigen Leben vollzieht, und dies fällt ihm außerordentlich schwer. So schwankt Appiani zwischen Selbstbestimmung, die er in den Tälern von Piemont zu realisieren sucht, und sozialer Identität, die ihm bislang durch seine Rolle am Hof zugewiesen wurde. Er entscheidet sich für die Autonomie, doch muss er einen hohen Preis dafür zahlen: Er verliert seine bisherige gesellschaftliche Zugehörigkeit. Dass es Appiani keineswegs leichtfällt, sich aus der höfischen Welt zu verabschieden, wie sein bedrücktes Zögern verdeutlicht, ist sozialgeschichtlich leicht nachzuvollziehen: Für einen Adligen zur Zeit des Absolutismus bedeutet der Rückzug vom Hof mehr und anderes als nur die Trennung von Freunden, mit denen er sich emotional verbunden weiß. Es bedeutet vielmehr das Aufgeben aller Erfolgsmöglichkeiten, die in der höfischen ›Ehre‹ als dem Ausweis der Zugehörigkeit zum Hochadel ihre spezifische Voraussetzung haben. Sowohl Appiani als auch Claudia wissen um den Preis, den sie zahlen müssen, um in der gesellschaftsfernen Privatsphäre der Familie den alleinigen Ort wahrer Tugend zu finden. Für Claudia heißt das, nicht als Geliebte umworben, sondern als Ehefrau der Familie ein- und untergeordnet zu werden; und für Appiani heißt das, die für einen Adligen so wichtigen Sozialbezüge preiszugeben.

Auch Emilia ist keineswegs nur die durch »Frömmigkeit und Gehorsam« bestimmte Tochter, wie Lessing im Brief an seinen Bruder Karl vom 10. Februar 1772 die höchsten »Tugenden« eines »unverheirateten Mädchens« beschreibt (FA, Band 11/2, S. 352). Zwar sieht zunächst alles danach aus, denn mit ihrer Eheschließung realisiert sie ja nur den Wunsch ihres

Vaters, den sie zu ihrem eigenen macht, wenn sie in Appiani die verjüngte Ausgabe ihres Vaters heiratet. So stellt sich Emilias Hochzeit als Wunscherfüllung Odoardos dar – gerade auch insofern, als Appiani das verwirklichen will, was seinem künftigen Schwiegervater bislang nicht gelungen ist: sich aus allen gesellschaftlichen Bezügen in eine ländliche Idylle zurückzuziehen. Emilia ist in die familiale Welt, in der das väterliche Gebot vom mütterlichen Gefühl ergänzt wird, hineingeboren als eine wohlbehütete Tochter, die in ihrer Liebe zu Appiani Gebot und Gefühl vereint. Ein ruhiges, von keinerlei Zwiespältigkeiten erfülltes Dasein müsste die Folge sein. Und doch vermittelt sie in keinem Moment den Eindruck einer Tochter, für die die Familie der Ort ist, an dem sie die Unverbrüchlichkeit eines Selbstbildes gewonnen hat, das den problemlosen Übergang von der Herkunfts- in die Zeugungsfamilie sichert. Sie ist über den Annäherungsversuch des Prinzen in der Kirche zutiefst irritiert, und schon vorher, als der Prinz sie auf dem Fest der Grimaldis bewundert, gerät sie so in Aufruhr, dass sie alle Mühe hat, sich wieder zu beruhigen. Mit Erfahrungen, die nicht in der Familie vorgeprägt sind, vermag sie nicht umzugehen. Sie besitzt keine in sich ruhende Selbstgewissheit, sondern bedarf des familialen Schutzraums, um sich vor den anderen und vor sich selber sicher zu fühlen. Doch dieser familiale Schutzraum wird zweimal durchbrochen: einmal auf dem Fest und einmal in der Kirche, und dies zerstört ihre Selbstgewissheit.

Mit seinem Drama *Emilia Galotti* bringt Lessing »das Schicksal einer Tochter, die von ihrem Vater umgebracht wird, dem ihre Tugend werter ist, als ihr Leben« (Brief an Friedrich Nicolai vom 21. Januar 1758, FA, Band 11/1, S. 267), nicht als ein singuläres Schicksal zur Anschauung. Dass Emilia von Odoardo getötet wird, gründet ja nicht primär in unableitbaren individuellen Charaktereigenschaften, sondern in den

Prinz Hettore Gonzaga (Sven-Eric Bechtolf), Marinelli (Roland Koch) und Odoardo Galotti (Michael König) im Akademietheater.

überindividuellen Eigenschaften der beiden als Vater und Tochter einer Familienordnung, die durch Verbot und Kontrolle die lasterhafte ›Welt‹ aus ihrer Sphäre ausklammern will, in der Konfrontation mit ihr allerdings versagt. Damit aber ist das Drama durchaus etwas anderes und mehr »als die alte Römische Geschichte der Virginia in einer modernen Einkleidung« (FA, Band 11/2, S. 365), wie Lessing kurz vor der Uraufführung beschwichtigend dem Herzog von Braunschweig versicherte. Was Lessing in der *Hamburgischen Dramaturgie* als Aufgabe des »Genies« bestimmt, »wenn es in dem Felde der Geschichte arbeitet«, hat er selbst geleistet: Er hat »die unnützen Schätze des Gedächtnisses in Nahrungen des Geistes« verwandelt (FA, Band 6, S. 329), indem er die gesellschaftsabgewandte Moralität einer Familie problematisiert, die sich der höfischen Welt überlegen dünkt, aber – anders als das römische Vorbild – unfähig ist, der Destruktion ihrer Lebensordnung handelnd entgegenzutreten.

Das ist für den Zuschauer die »Nahrung des Geistes«, die ihn zum Nachdenken nötigt. Mit der dramatischen Entfaltung dieses Zusammenhangs hat Lessing ein zentrales Element des bürgerlichen Selbstverständnisses den Bedingungen eines fiktional erstellten Wirklichkeitsszenarios unterworfen. Unaufhörlich haben ja popularphilosophische Darstellungen, Romane und Dramen im 18. Jahrhundert die Familie als den Ort wahrer Tugend hingestellt und sie von der als lasterhaft deklarierten ›großen Welt‹ abgegrenzt.

Lessings Drama unterzieht diese Vorstellungen einer Probe aufs Exempel und offenbart die Irrealität eines familialen Selbstverständnisses, das in der familienexternen Sphäre nur das schlechthin ›Andere‹ sieht, dem man sich nach Möglichkeit zu entziehen habe. So setzt sich Lessing kritisch mit einer familialen Rückzugsmoral auseinander, die der gesellschaftlichen Sphäre des Handelns ohnmächtig gegenübersteht.

IV Exemplarische Interpretationen

1 Warum lässt Emilia den Prinzen nicht »ablaufen«? (II, 6)

Die so wohlbehütet aufgewachsene Emilia Galotti wird in ein Geschehen hineingezogen, das sie sichtlich aus dem Gleichgewicht bringt. Gleich ihr erster Bühnenauftritt zeigt sie als eine junge Frau, die angesichts der Begegnung mit dem Prinzen in der Kirche von panischem Entsetzen erfüllt ist. Um diese Reaktion zu verstehen, muss man bedenken, dass diese Begegnung eine Vorgeschichte hat. Schon einmal ist Emilia mit dem Begehren des Prinzen konfrontiert worden; und schon einmal wusste sie darauf nicht angemessen zu reagieren, vermochte sie nicht, Gefühl und Verstand in die Balance eines selbstbestimmten Handelns zu bringen.

Zuerst sind es die – vor der Zeit der Bühnenhandlung liegenden – Erlebnisse auf der Vegghia im Haus des Kanzlers Grimaldi, die Emilia in völlige Konfusion geraten lassen. Rückblickend sagt sie zu ihrem Vater, der ihr eröffnet, der Prinz wolle sie von ihrer Familie trennen und zu Grimaldi bringen: »Ich kenne das Haus der Grimaldi. Es ist das Haus der Freude. Eine Stunde da, unter den Augen meiner Mutter; – und es erhob sich so mancher Tumult in meiner Seele, den die strengsten Übungen der Religion kaum in Wochen besänftigen konnten!« (V, 7, S. 98) Von der damaligen Begegnung mit dem Prinzen und ihren Gefühlen ihm gegenüber spricht Emilia nicht. Dass sie aber gerade daran denkt, wird vor dem Hintergrund von Claudias Bericht über die Vegghia in II, 4 deutlich: Der Prinz habe auf der Vegghia »unsere Tochter gesehen […]. Er bezeigte sich gegen sie so gnädig – – […] Er unterhielt sich mit ihr so lange – – […] Hat von ihrer Schönheit mit so vielen Lobeserhebungen gesprochen – –« (S. 32 f.).

Zu schließen ist von hier aus, dass der äußere Glanz der Abendgesellschaft, die festliche Stimmung, die aufwändige Garderobe und vor allem die »Sprache der Galanterie«, wie die Mutter (in II, 6, S. 38) die Redeweise des Prinzen nennt, den Tumult in Emilias Seele verursacht haben. Für sie war dies alles ganz ungewohnt; sie kannte nur die schlichte ›Natürlichkeit‹ von Kleidern »fliegend und frei« und von Haar »[i]n seinem eignen braunen Glanze; in Locken, wie sie die Natur schlug« (II, 7, S. 41) – eine Aufmachung, in der sie auch heiraten möchte.

Ihre geplante Hochzeitsfeier in der Abgeschiedenheit des Landgutes im Kreis weniger Freunde könnte so in keinem größeren Kontrast zur Vegghia im Haus der Grimaldis stehen. Dieses »Haus der Freude«, das Emilia mit einem Freudenhaus, also mit einem Bordell, assoziiert, entzieht sich ihren durch die familiale Sozialisation erworbenen Mustern der Erlebnisverarbeitung. Einzig die Religion steht ihr zur Verfügung – allerdings nicht als Instrument produktiver Bewältigung der konträr zu ihrer familialen Lebenswelt stehenden Erlebnisse, sondern als Abwehrtraining, mit dessen Hilfe sie in wochenlangen »strengsten Übungen« diese Erlebnisse »kaum« abzuweisen vermag.

Die zweite Begegnung Emilias mit dem Prinzen, die am Vormittag der Dramenhandlung in der Kirche stattfindet, verläuft noch viel drastischer. Völlig außer sich, vom Verfolgungswahn ergriffen, stürzt Emilia ins Zimmer der Mutter. Dieser gelingt es nur mit Mühe, sie so weit zu beruhigen, dass sie den Grund für ihre *»ängstliche[ ] Verwirrung«* (II, 6, S. 34) angeben kann. In abgestuft zunehmender Konkretisierung – »etwas«, »es«, »ihn«, »Ihn selbst«, »Den Prinzen« (II, 6, S. 35) – teilt sie der Mutter mit, dass sich ihr der Prinz in der Kirche auf unschickliche Weise genähert habe. Doch nicht erst die Wahrnehmung des Prinzen, sondern allein schon die mit keiner bestimmten Person verbundene Tatsache einer erotischen Annäherung versetzt sie in äußerste Furcht. Dass sie durch die Situation allerdings in irgendeiner Weise selbst erotisch affiziert ist, signalisiert ihr Bericht an keiner Stelle. Auch der von Odoardo als »eitel« bezeichneten Mutter liegt eine solche Annahme völlig fern; sie erwartet vielmehr, dass Emilia dem Prinzen ihre äußerste Missbilligung signalisiert habe: »Ich will hoffen, dass du deiner mächtig genug warest, ihm in Einem Blicke alle die Verachtung zu bezeigen, die er verdienet.« (II, 6, S. 36) Emilia muss dies jedoch verneinen, allerdings nicht, weil eine uneingestandene Zuneigung ihr die geforderte Abweisung unmöglich gemacht hätte, sondern weil sie wie paralysiert war. Unfähig, einen zweiten Blick auf den Prinzen zu werfen, floh sie, wurde aber von ihm in der Halle der Kirche wieder angesprochen. Einzig von dem Gedanken erfüllt, keine Aufmerksamkeit zu erregen, gelangte sie schließlich auf die Straße und nach Hause – mit dem Gefühl, bis auf die Treppe verfolgt zu werden.

Goethes Vermutung, Emilia liebe den Prinzen, ansonsten »hätte sie ihn ablaufen lassen« (zitiert nach Steinmetz, S. 230; vgl. das vollständige Zitat auf Seite 104 dieses Bands), verkennt ihre besonderen Sozialisationsbedingungen. Als ›fromme‹ und ›gehorsame‹ Tochter hat sie nie die Fähigkeit erworben, mit Erfahrungen außerhalb der Familie umzugehen. Alles Außerfamiliäre wurde ihr ja als Laster dargestellt, das sie zu meiden habe. Entsprechend verhält sie sich. Hilflose Ignorierungsversuche sind ihre einzige Reaktion auf die Annäherungsversuche des Prinzen. Dabei zeigt ihre Verwendung des Pronomens »es«, die schon auf den späteren Wortgebrauch Sigmund Freuds vorausdeutet (vgl. Neumann, S. 46), dass es nicht die Person des Prinzen ist, sondern die vom väterlichen Gebot als Laster verurteilte Leidenschaft, die sie in erster Linie erschreckt:

> O dass laute Donner mich verhindert hätten, mehr zu hören! – Es sprach von Schönheit, von Liebe – Es klagte, dass dieser Tag, welcher mein Glück mache, – wenn er es anders mache – sein Unglück auf immer entscheide. – Es beschwor mich – hören musst ich dies alles. Aber ich blickte nicht um; ich wollte tun, als ob ich es nicht hörte. – Was konnt ich sonst? – Meinen guten Engel bitten, mich mit Taubheit zu schlagen; und wann auch, wann auch auf immer! – Das bat ich; das war das Einzige, was ich beten konnte. – (II, 6, S. 35)

Dass Emilia so angstbesetzt auf die Bedrohung durch die Leidenschaft reagiert, zeigt, wie sehr diese selbst aus dem Familienverband ausgegrenzt und von Odoardo seiner Tochter als etwas Bedrohliches dargestellt wurde. Odoardos Angst, die Leidenschaft könne die familiale Ordnung sprengen, hat ja dazu geführt, die gesellschaftliche Wirklichkeit jenseits der Familie als Sphäre lasterhafter Sinnlichkeit zu tabuisieren.

Es ist der dunkle, unzugängliche Teil unserer Persönlichkeit [...]. Wir nähern uns dem Es mit Vergleichen, nennen es ein Chaos, einen Kessel voll brodelnder Erregungen. [...] Von den Trieben her erfüllt es sich mit Energie, aber es hat keine Organisation, bringt keinen Gesamtwillen auf, nur das Bestreben, den Triebbedürfnissen unter Einhaltung des Lustprinzips Befriedigung zu schaffen. [...] Triebbesetzungen, die nach Abfuhr verlangen, das, meinen wir, sei alles im Es.

Auszug aus Sigmund Freuds Vorlesung »Die Zerlegung der psychischen Persönlichkeit« (1933 [1932]). In: Sigmund Freud: Studienausgabe. Band I: Vorlesungen zur Einführung in die Psychoanalyse und Neue Folge. Herausgegeben von Alexander Mitscherlich, Angela Richards, James Strachey. Frankfurt am Main: S. Fischer Verlag 1969, S. 511 f.

Als tabuisierte Sinnlichkeit ruft die Leidenschaft des Prinzen bei Emilia die Angst hervor, das Tabu zu verletzen. Diese Angst ist demnach keineswegs Resultat ihrer Sorge, sie könnte selbst von der Leidenschaft ergriffen werden, sondern das Produkt eines Tabus: Dieses teilt ihr zugleich mit, die Leidenschaft sei etwas äußerst Bedrohliches, wenn man sich nicht permanent vor ihr hütet, wenn man nicht permanent kontrolliert wird. Nur so ist ihre Annahme verständlich, sie habe dem Werben des Prinzen wenigstens insofern nachgegeben, als sie ihm »geantwortet« habe (II, 6, S. 36). Dass diese Annahme allein das illusorische Produkt ihrer Angst ist, enthüllt der Bericht des Prinzen von seiner Begegnung mit Emilia in der Kirche. Statt ihr eine Antwort zu entlocken, habe er bei ihr nur sprachlose Bestürzung hervorgerufen; sein Werben sei ein völliger Fehlschlag gewesen:

> Mit allen Schmeicheleien und Beteuerungen konnt ich ihr auch nicht ein Wort auspressen. Stumm und niedergeschlagen und zitternd stand sie da; wie eine Verbrecherin, die ihr Todesurteil höret. Ihre Angst steckte mich an, ich zitterte mit und schloss mit einer Bitte um Vergebung. Kaum getrau ich mir, sie wieder anzureden. (III, 3, S. 54)

Dieser Bericht verdeutlicht, dass die frühere, »*höhnisch[e]*« Antwort des Prinzen auf Marinellis Frage nach dem Erfolg seiner Unternehmung lediglich einen Versuch des blamierten Frauenhelden darstellte, den Kammerherrn in seine Schranken zu weisen: »O, es ging alles nach Wunsch. […] Sie [Emilia] kam meinem Verlangen, mehr als halbes Weges, entgegen. Ich hätte sie nur gleich mitnehmen dürfen.« (III, 1, S. 49)

Deutlich wird: Emilia lässt den Prinzen auf der Vegghia im Haus der Grimaldis und in der Dominikanerkirche nicht etwa deshalb nicht »ablaufen«, wie Goethe formulierte, weil sie den Prinzen heimlich lieben würde, sondern weil sie aufgrund ihrer familienzentrierten Erziehung auf seine Avancen gar nicht anders zu reagieren weiß als durch furchtsame ›Erstarrung‹. Seinen in der »Sprache der Galanterie« vorgetragenen Liebesbeteuerungen vermag sie vor allem deshalb nichts entgegenzusetzen als ihr Schweigen – an das sie sich nicht mehr erinnert –, weil für sie allein schon der passive Kontakt mit der tabuisierten Leidenschaft einen aktiven Tabubruch bedeutet, ganz so, wie es Odoardo seiner Tochter stets vermittelt hat, indem er alle sinnlichen Gefühle jenseits der Familienordnung als lasterhaft brandmarkte. Bis zum Hochzeitstag hat dies auch gut funktioniert; das Begehren des Prinzen schien eine vorübergegangene Gefahr zu sein. Doch durch den Überfall werden die Kontrollmechanismen, die die Leidenschaft auszugrenzen suchten, außer Kraft gesetzt. Gewaltsam wird Emilia aus dem Schutzraum der Familie herausgerissen und auf das Lustschloss Dosalo gebracht, fern der Sphäre, die ihr bislang Sicherheit im Erleben und Handeln garantierte. Die zentralen Fragen, die der Ausgang des Stücks dabei aufwirft, lauten: Warum tötet Odoardo nicht den Prinzen, um seine Tochter zu befreien? Und: Warum lässt er stattdessen seine Tochter sterben – beziehungsweise warum tötet er sie selbst? Diese Fragen sind nur durch eine genaue Analyse des fünften Aufzugs zu beantworten.

2 Weshalb tötet Odoardo den Prinzen nicht, um seine Tochter zu befreien?

Als Odoardo auf dem Lustschloss eintrifft, erwarten die Zuschauer, er werde Emilia aus der Gewalt des Prinzen befreien und sie wieder unter seine väterliche Obhut stellen. Einiges spricht sogar dafür, dass er seine Tochter rächen und das Verbrechen des Prinzen ahnden wird. Die Gräfin Orsina stachelt ihn auf, indem sie ihre Worte zielgenau auf den Punkt lenkt, der Odoardos Hauptsorge bildet, nämlich die sexuelle Unberührtheit seiner Tochter: »Nun da; buchstabieren Sie es zusammen! – Des Morgens, sprach der Prinz Ihre Tochter in der Messe; des Nachmittags, hat er sie auf seinem Lust- – Lustschlosse.« (IV,7, S. 81) Als Orsina Odoardo dann noch einen Dolch überreicht, ist für den Zuschauer eigentlich der weitere Gang des Geschehens vorgezeichnet: Der Vater wird nicht nur die Tochter aus den Händen ihres Entführers befreien, sondern er wird auch den Mord an Appiani rächen und sich so als der erweisen, als den ihn das Dramengeschehen bislang gezeigt hat – als tapferer Vertreter einer Moral, die sich energisch zu behaupten weiß. Lange hat man Odoardo auch als eine solche Figur wahrgenommen; erst seit dem letzten Drittel des 20. Jahrhunderts fällt ein kritisches Licht auf ihn. Nicht mehr der Prinz, sondern Odoardo wird jetzt als Hauptverantwortlicher für die Katastrophe angesehen. Emilia erscheint nicht mehr als Opfer fürstlicher Willkür, sondern als Opfer einer Erziehung, in der jede sinnliche Regung als Sünde gilt. Die Anklagepunkte stellt am vollständigsten Gisbert Ter-Nedden zusammen. Die gegen Odoardo erhobenen Vorwürfe sind: sein Misstrauen gegenüber Frau und Tochter, die er entmündigt, seine Egozentrik, seine Unbesonnenheit und sein Jähzorn (vgl. Ter-Nedden, S. 189–201).

Wie gesagt: Lessing baut zunächst bei den Zuschauern die Erwartung auf, der sich so forsch gebende Odoardo werde Emilia aus den Fängen des Prinzen befreien, er werde sich als Vater schützend vor seine Tochter stellen oder er werde zumindest sein Leben für sie in die Schanze schlagen. Doch wie verhält sich Odoardo wirklich? Auf dem Lustschloss wird er hingehalten und mehrfach alleine zurückgelassen. In diesen Augenblicken führt er drei Selbstgespräche, die ein bezeichnendes Licht auf seine psychische Disposition werfen.

Seine Monologkette beginnt, nachdem Orsina ihn zur Ermordung des Prinzen aufgestachelt hat (vgl. Schröder, S. 191 bis 198). In Odoardos erstem Monolog (V,2) wird jedoch dieser Handlungsimpuls neutralisiert, indem Odoardo die Tugend mit dem Leiden, das Laster aber mit dem Handeln assoziiert und so zu dem Schluss gelangt, dass er leiden muss, da er ja tugendhaft sei; nur wenn er lasterhaft wäre, könnte er handeln. Nach seiner Frage, mit der er seine Handlungsbereitschaft aufgibt – »Was hat die gekränkte Tugend mit der Rache des Lasters [damit meint er Orsina] zu schaffen?« (V,2, S. 87) –, kompensiert er seine Passivität durch eine ihn entlastende Bestrafungsphantasie. Er malt sich aus, wie das schlechte Gewissen den Prinzen im Schlaf quälen wird. Unfähig selbst zu handeln, entwirft er also eine Phantasiewelt, in der er glaubt befehlen zu können, was – stellvertretend für ihn – ein immer wiederkehrender Albtraum dem Prinzen antun soll:

> Wenn nun bald ihn [den Prinzen] Sättigung und Eckel von Lüsten zu Lüsten treiben; so vergälle die Erinnerung, diese eine Lust nicht gebüßet zu haben, ihm den Genuss aller! In jedem Traume führe der blutige Bräutigam [Appiani] ihm die Braut vor das Bette; und wann er dennoch den wollüstigen Arm nach ihr ausstreckt: so höre er plötzlich das Hohngelächter der Hölle, und erwache! (V,2, S. 88)

Der zweite Monolog Odoardos (V,4) wird ausgelöst von der Ankündigung Marinellis, man müsse die Tochter nach Guastalla bringen, um die Untersuchung des Verbrechens sachgerecht durchführen zu können. Jetzt erweist sich Odoardo vollständig als handlungsohnmächtiger Untertan. Hatte er sich im ersten Monolog noch in die Irrealität eines Wunschtraums geflüchtet, um wenigstens eine Bestrafung des Prinzen zu phantasieren, so ist er jetzt sogar prinzipiell bereit, sich der

Entscheidung der Obrigkeit zu unterwerfen. Zwar spürt er zunächst wieder einen Handlungsimpuls, er will etwas unternehmen, aber dann kämpft er auch diesen Antrieb nieder und fügt sich resignierend in sein Schicksal:

> Mit dir [Odoardo meint den Prinzen] will ich es wohl aufnehmen. Wer kein Gesetz achtet [damit meint er sich], ist ebenso mächtig, als wer kein Gesetz hat [damit meint er wieder den absolutistischen Fürsten]. Das weißt du nicht? Komm an! komm an! – Aber, sieh da! Schon wieder; schon wieder rennet der Zorn mit dem Verstande davon. (V,4, S. 89 f.)

Zunächst sagt Odoardo dem Prinzen den Kampf an, indem er sich aus allen gesetzlichen Bindungen befreien will, doch dann beruhigt er sich wieder. Seine aufbrausende Haltung weicht der Willfährigkeit, mit der er den Rechtsspruch des Prinzen abwarten will. Die Haltung, die Odoardo einnimmt, als Hettore Gonzaga ihm gegenübertritt, bestätigt nur noch seine schon vorweg vollzogene Unterwerfung unter dessen Machtspruch. Odoardo reagiert nicht als einer, der mit dem Mörder seines geliebten Schwiegersohns konfrontiert wird, sondern als ein Untertan, wenn er den Prinzen auf dessen leutselige Begrüßung hin mit »Gnädiger Herr« anredet und »[s]elbst itzt [...] um Verzeihung« (V,5, S. 90) bittet.

Als Marinelli dann fordert, Emilia solle als wichtige Zeugin in »besondere Verwahrung« (V,5, S. 94) genommen werden, fühlt sich Odoardo allerdings als Vater, der allein über seine Tochter zu verfügen hat, infrage gestellt. Diese Provokation seines patriarchalischen Selbstverständnisses lässt ihn empört zum Dolch greifen, um den Prinzen umzubringen. Doch sein Handlungsimpuls wird durch die joviale Beschwichtigung des Prinzen sofort wieder ausgelöscht.

Odoardo bleibt anschließend alleine im Saale des Lustschlosses und verfällt in einen resignativen Sarkasmus (V, 6). Genau wie in seinen beiden vorhergehenden Monologen setzt auch diesmal kurz vor der Umsetzung des Handlungsimpulses die rationale Selbstkontrolle ein und verhindert wiederum sein väterliches Eingreifen. Statt auf eine Bestrafungs- oder Machtphantasie zieht sich Odoardo jetzt auf eine Rettungsphantasie zurück, die ihn von eigenem Handeln suspendieren soll. Mehr noch: Er scheut momentweise nicht einmal davor zurück, die Unbescholtenheit seiner Tochter infrage zu stellen und Zweifel zu äußern, ob sie es überhaupt wert ist, dass er ihre weibliche Ehre verteidigt:

> Ha! ha! ha! – *(Blickt wild umher.)* Wer lacht da? – Bei Gott, ich glaub, ich war es selbst. – Schon recht! Lustig, lustig! Das Spiel geht zu Ende. So, oder so! – Aber – *(Pause)* wenn sie mit ihm sich verstünde? Wenn es das alltägliche Possenspiel wäre? Wenn sie es nicht wert wäre, was ich für sie tun will? – *(Pause.)* Für sie tun will? Was will ich denn für sie tun? – Hab ich das Herz, es mir zu sagen? – Da denk ich so was: So was, was sich nur denken lässt. – Grässlich! Fort, fort! Ich will sie nicht erwarten. Nein! – *(Gegen den Himmel.)* Wer sie unschuldig in diesen Abgrund gestürzt hat, der ziehe sie wieder heraus. Was braucht er meine Hand dazu? Fort! *(Er will gehen, und sieht Emilien kommen.)* Zu spät! Ah! er will meine Hand; er will sie! (V, 6, S. 96)

In diesem dritten und letzten Selbstgespräch Odoardos kompensiert er seine persönliche Ohnmacht durch den Gedanken, die göttliche Allmacht solle seine Tochter retten, während er selbst zu fliehen beschließt. Nur durch das Auftreten Emilias, zufällig genau in diesem Moment, wird er davon abgehalten, sie im Stich zu lassen.

Emilia und Odoardo (Isabelle Höpfner und Thomas Meinhardt) im Nationaltheater Mannheim (2006, Regie: Lisa Nielebock).

Bislang spielte sich das ganze Geschehen mit einer gewissen Zwangsläufigkeit ab, auch wenn der Zuschauer im letzten Aufzug vielleicht schon reichlich irritiert über das Verhalten Odoardos auf dem Lustschloss des Prinzen ist; denn der ehemalige Offizier agiert hier ja keineswegs so, wie man es nach seinem Auftreten im zweiten Aufzug erwarten konnte – als furchtloses und tatkräftiges Familienoberhaupt, das seine Tochter beschützt und das Verbrechen des Prinzen an seinem Beinahe-Schwiegersohn rächt. Er verhält sich im Gegenteil wie ein devoter Untertan, der sich sogar heimlich aus dem Staub machen und damit Emilia ihrem Schicksal überlassen will. Die Logik der Handlungsfolge wird also auf dem Lustschloss durch Odoardos Verhalten gebrochen, das den Erwartungen an ihn nicht entspricht. Das Befremdliche seines Verhaltens verstärkt sich noch, wenn man den Auftritt V,7 näher betrachtet und dabei den Gründen nachgeht, warum der Vater schließlich seine Tochter tötet.

3 Warum stirbt Emilia Galotti? (V, 7)

Im Verlauf des Dramas kommt es zu einem Überfall, der Verlobte Emilias wird ermordet, sie wird auf das Lustschloss entführt, die Familie wird auseinandergerissen. Wie reagiert Odoardo auf diese Ereignisse? Offensichtlich ist, dass er Emilia mit dem Dolch umbringt, den ihm Orsina zugesteckt hat; aber warum tut er das? Und wie ist diese Tat zu qualifizieren? Ist es ein Totschlag im Affekt? Wenn ja, was hat den Vater so sehr außer sich gebracht, dass er nicht mehr weiß, was er tut, und deshalb nur vermindert zurechnungsfähig ist? Oder ist es eine Tötung auf Verlangen? Wenn ja, was bewegt Emilia dazu, sich den Tod zu wünschen? Oder handelt es sich gar, wie manche meinen, um einen verkappten Inzest? Oder liegt hier doch nur ein verwickelter Fall von Notwehr vor?

Und wer ist eigentlich der Täter? Emilia, die ihren Vater bloß anstachelt – dann wäre es eine Form von Selbstmord –, oder Odoardo, der Angst hat, Emilia könne Schande über seine Familie bringen – dann wäre es eigentlich, als eine Tötung aus niederem Beweggrund, schon Mord; oder ist es nicht doch ein Tugendopfer aus höheren Gründen?

Das sind Fragen, die sich fortsetzen lassen im Hinblick auf einen – wie auch immer gearteten – Schuldzusammenhang, in dem Emilia steht. Stirbt Emilia einen Sühnetod, ist ihr Tod also aufgrund ihres Verhaltens oder ihrer Gesinnung gerechtfertigt? Aber worin mag, wenn man ihren Tod so bewerten will, Emilias Schuld bestehen? Darin, dass sie ihrem Vater und ihrem Verlobten auf Anraten ihrer Mutter die Begegnung mit dem Prinzen verschweigt? Oder womöglich darin, dass sie den Prinzen doch heimlich liebt – wie schon Goethe vermutet hat – und deshalb jetzt Angst bekommt, sie könnte den Prinzen weiterhin lieben, obwohl dieser ihren Verlobten umbringen ließ?

Oder hat der Tod Emilias gar nichts mit ihrem Charakter und ihrem Verhalten zu tun, sondern ist er das Ergebnis despotischer Lüsternheit, die vor nichts zurückschreckt? Und wie ist es zu verstehen, dass Emilia, nachdem sie erfahren hat, warum und auf welche Weise ihr Verlobter zu Tode gekommen ist, plötzlich von ihrer Verführbarkeit redet? Und weiter ließe sich fragen: Was triumphiert eigentlich am Ende des Stücks: die Moralität über den Despotismus, nämlich im Sinne einer Märtyrertragödie, in der der Tod den Sieg über die irdischen Zwänge symbolisiert; oder bricht hier die Moralität einer anti-höfischen Lebenswelt angesichts der höfischen Machtsphäre in sich zusammen? In sozialgeschichtlicher Perspektive wäre überdies zu fragen, ob im Tod Emilias die Ideale des Bürgertums verklärt werden oder ob diese – umgekehrt – gerade angesichts der Unfähigkeit, sich in der Auseinandersetzung mit dem Hof selbstbewusst zu behaupten, einer Kritik unterzogen werden.

In dem Moment, als sich Odoardo entschlossen hat, Emilia ihrem Schicksal zu überlassen, tritt diese auf. Sie weiß nichts von der Absicht ihres Vaters, sich heimlich davonzumachen, sie registriert nur seine Unruhe, die in einem auffälligen Kontrast zu ihrer Ruhe steht. Sie kennt den gesamten Hintergrund des arrangierten Überfalls, und ihr Wille ist einzig darauf gerichtet, mit dem Vater aus dem Machtbereich des Prinzen zu fliehen. »Lassen Sie uns fliehen, mein Vater!« (V,7, S. 97), fordert sie ihn inständig auf. Doch Odoardo wehrt dies mit einem Argument ab, das mehr Ausdruck der Unterwerfung unter die Obrigkeit ist als ein Hinweis auf die tatsächliche Ausweglosigkeit der Situation. Angelo, der Appiani umgebracht hat, gibt ein Beispiel dafür, dass durchaus die Möglichkeit besteht, aus dem Machtbereich des Prinzen zu fliehen, da die Grenze in wenigen Stunden zu erreichen ist. Gegen Mittag war der Überfall, und Angelo will noch am gleichen Tag »über die Grenze« (III, 2, S. 53). Odoardo aber entgegnet auf den Fluchtplan seiner Tochter: »Fliehen? – Was hätt es dann für Not? – Du bist, du bleibst in den Händen deines Räubers.« (V, 7, S. 97) Die abweisende Antwort des Vaters spiegelt also nur seine psychische Desorientierung wider.

Was der Zuschauer schon weiß, und was sich für Emilia höchstens in der Unruhe des Vaters angedeutet hat, wird ihr in diesem Moment zur unabweisbaren Erfahrung. Odoardo ist handlungsunfähig und erfüllt nicht die ihm als Vater obliegende Aufgabe, sie zu beschützen. Der Auflösung seiner Familie setzt er nichts entgegen; vielmehr nimmt er es als unabwendbar hin, dass Emilia von ihm getrennt und der Macht des Prinzen unterstellt werden soll. Damit ist Odoardo als Garant der Einheit seiner Familie gescheitert. Ganz folgerichtig stellt Emilia daraufhin nachdrücklich seine Rolle als Vater in Frage: »Ich allein in seinen Händen? – Nimmermehr, mein Vater. – Oder Sie sind nicht mein Vater.« (V, 7, S. 97) Bislang war Emilia immer voller Vertrauen die ›fromme‹ und ›gehorsame‹ Tochter, doch plötzlich muss sie erfahren, dass die Vaterrolle sich nicht komplementär zu ihrer Tochterrolle verhält: Ihrer Frömmigkeit und ihrem Gehorsam korrespondiert nicht die Macht eines Vaters, sie vor den Übergriffen einer von ihm als lasterhaft deklarierten Welt zu schützen. Ernüchtert erkennt sie, dass es nun auf sie allein ankommt: »Gut, lassen Sie mich nur; lassen Sie mich nur. – Ich will doch sehn, wer mich hält, – wer mich zwingt, – wer der Mensch ist, der einen Menschen zwingen kann.« (V, 7, S. 97)

Im weiteren Verlauf der Auseinandersetzung wehrt sich Emilia zunächst mit einer Reihe rhetorischer Fragen gegen die aus ihrer Sicht so unangemessene väterliche Ermahnung zur Ruhe. Anschließend stuft sie das von Odoardo als Faktizität akzeptierte Geschehen in den Rang einer bloßen Möglichkeit zurück, dem Widerpart zu leisten sei:

> Odoardo: […] Denke nur: unter dem Vorwande einer gerichtlichen Untersuchung, – o des höllischen Gaukelspieles! – reißt er dich aus unsern Armen, und bringt dich zur Grimaldi. / Emilia: Reißt mich? bringt mich? – Will mich reißen; will mich bringen: will! will! – Als ob wir, wir keinen Willen hätten, mein Vater! (V,7, S. 98)

Die patriarchale Familienordnung, die dem Vater die Handlungskompetenz und der Tochter entsprechend die Befolgung der Handlungsanweisung zuschreibt, ist für Emilia zerbrochen. Um sie wiederherzustellen, verkehrt sie nun das Verhältnis zwischen Vater und Tochter in sein Gegenteil, wenn sie ihren Willen in dem suggestiven Ausruf »Als ob wir, wir keinen Willen hätten, mein Vater!« auch zu dem ihres Vaters machen will. Im verdoppelten »wir« beschwört sie eine Gemeinsamkeit, in die sie Odoardo durch die von ihm zu widerlegende hypothetische Als-ob-Formulierung hineinzwingen will.

Emilias leidenschaftliches Bemühen, den Vater wieder in die von ihm preisgegebene Rolle des handlungsmächtigen Familienoberhaupts zu drängen, verweist darauf, wie tief ihre komplementär dazu bestimmte Rollenidentität als Tochter dadurch erschüttert ist, dass der Vater sich als willfähriger Untertan erweist. Diese Erschütterung bewirkt aber gerade nicht, dass Emilia sich als ein von ihrem Tochterdasein unabhängiges Selbst erfährt, das autonom handeln könnte. Stattdessen sieht sie sich – ohne den väterlichen Schutz, der ihre Tugend im Familienverband sichert – gleichsam widerstandslos allen Einflüssen der außerfamilialen Welt ausgesetzt und verknüpft hiermit die Angst, deren Verlockungen nicht standhalten zu können. In der Rede von ihrer Verführbarkeit artikuliert sie diese Selbstwahrnehmung einer Tochter, die von der Familie als der Lebensform, die – nach zeitgenössischem

Verständnis – Sinnlichkeit in eheliche Liebe wandelt, abgetrennt wird: »Ich habe Blut, mein Vater; so jugendliches, so warmes Blut, als eine. Auch meine Sinne, sind Sinne. Ich stehe für nichts. Ich bin für nichts gut.« (V, 7, S. 98)

Man hat angenommen, hier artikuliere Emilia ihr Recht auf sinnlich-erotische Liebe (vgl. Mauser, S. 184 f.). Manche – wie etwa Goethe – gehen sogar davon aus, dass Emilia den Prinzen tatsächlich liebe, sich und dem Vater diese Liebe aber nicht eingestehen könne und deshalb den Tod als Schutz vor dieser Liebe suche, um so deren Erfüllung, die mit ihren Tugendvorstellungen nicht vereinbar sei, zu verhindern. Goethe sagt hierzu:

> Das *proton pseudos* [der Fehler, aus dem andere folgen] in diesem Stück sei, daß es nirgends ausgesprochen ist, daß das Mädchen den Prinzen liebe, sondern nur subintelligiert [angedeutet] wird. Wenn jenes wäre [deutlich gemacht würde], so wüßte man, warum der Vater das Mädchen umbringt. Die Liebe ist zwar angedeutet, erstlich in der Art, wie sie den Prinzen anhört, wie sie nachher ins Zimmer stürzt: denn wenn sie ihn nicht liebte, so hätte sie ihn ablaufen lassen; zuletzt sogar ausgesprochen, aber ungeschickt, in ihrer Furcht vor des Kanzlers Hause: denn entweder sei sie eine *Gans*, sich davor zu fürchten, oder ein *Luderchen*. So aber, wenn sie ihn liebe, müsse sie sogar zuletzt lieber fordern zu sterben, um jenes Haus zu vermeiden. (Zitiert nach Steinmetz, S. 230 f.)

Doch anders, als Goethe meint, ist Emilias Äußerung nicht auf eine heimliche Liebe zum Prinzen zurückzuführen, sondern auf die spezifischen Bedingungen ihrer Sozialisation. Der Tugendrigorismus und das Misstrauen ihres Vaters haben dazu geführt, dass sie sich selbst nicht über den Weg traut.

Als Tochter besaß Emilia im umfriedeten, von der ›großen Welt‹ abgegrenzten Bereich der Familie eine Sicherheit des Erlebens und Handelns, die vom Vater garantiert wurde. Indem Odoardo nun als Beschützer seiner Tochter versagt, verliert Emilia diese Sicherheit. Ihre subjektive Gewissheit, sie selbst könne ihre Sinnlichkeit unter Kontrolle halten, löst sich auf. Doch anders als viele Interpreten meinen, ist es keinesfalls ihre eigene Sinnlichkeit, die diese Ungewissheit erzeugt. Ihre vermeintliche Verführbarkeit ist bloß der Reflex einer Erziehung, die in dem Bestreben, sogar den kürzesten Weg nicht unkontrolliert zu lassen, ihr beständig die Unfähigkeit unterstellte, der ›Welt‹ zu widerstehen. Nur so ließ sich ja die permanente Kontrolle der Tochter rechtfertigen.

Entsprechend geht von der Abschirmung vor der ›Welt‹ eine doppelte Botschaft an Emilia aus: hüte dich vor der ›Welt‹, denn diese ist lasterhaft – und: hüte dich vor der ›Welt‹, denn sie ist für dich unwiderstehlich verführerisch. So ist es nicht erstaunlich, dass Emilia – auch nachdem sie erkannt hat, dass der Vater nicht der Beschützer ist, für den sie ihn gehalten hat –, weiterhin daran glaubt, ohne den vom Vater konstituierten Schutzraum der Familie den ›weltlichen‹ Verlockungen hilflos ausgeliefert zu sein. Die in der *Hamburgischen Dramaturgie* erhobene programmatische Forderung nach Kontinuität, Gleichförmigkeit und Plausibilität des dramatischen Charakters löst Lessing damit in seinem Drama – entgegen aller anderslautenden Kritik – durchaus ein, indem er an Emilia zeigt, »daß dieser Charakter, in dieser Situation, bei dieser Leidenschaft, nicht anders als so habe urteilen können« (FA, Band 6, S. 195 f.). Emilias Rede von ihrer Verführbarkeit reproduziert ja genau die durch ihre Erziehung erzeugte Angst, außerhalb der Familie verloren zu sein. Ihre Reaktion auf die Erlebnisse im Haus der Grimaldis interpretiert sie für sich selbst als Indiz hierfür (vgl. V,7, S. 98).

Erst die genaue Analyse der Situation, in der Emilia ihre Verführbarkeit ausspricht, gibt also Aufschluss über die durchgängige Plausibilität ihres Handelns und führt zu der Erkenntnis, dass schon die Frage nach den Gründen eines scheinbar vorliegenden Bruches in ihrem Charakter, der »in den erstern Scenen ganz anders angelegt [sei], als er in den letztern ausgemalt wird« (Johann Jost Anton vom Hagen, zitiert nach FA, Band 7, S. 908), falsch gestellt ist. Zu fragen ist nicht, warum die bis zum vierten Aufzug so tugendhafte Tochter plötzlich zur sinnlichen Frau wird, sondern warum Emilia in einer Situation, da der Vater nicht mehr Garant der familialen Ordnung ist, sich selbst für verführbar hält. Lessing selbst weist im 21. Stück seiner *Hamburgischen Dramaturgie* explizit auf den Zusammenhang zwischen Verführbarkeit und Abschirmung von der Welt hin, wenn er auf das Drama *Die Mütterschule* von Pierre Carlet de Marivaux (1688–1763) zu sprechen kommt. Dieser präsentiere

> die Geschichte einer Mutter, die ihre Tochter, um ein recht gutes gehorsames Kind an ihr zu haben, in aller Einfalt erziehet, ohne alle Welt und Erfahrung läßt: und wie geht es damit? Wie man leicht erraten kann. Das liebe Mädchen hat ein empfindliches Herz; sie weiß keiner Gefahr auszuweichen, weil sie keine Gefahr kennet; sie verliebt sich in den ersten in den besten, ohne Mamma darum zu fragen, und Mamma mag dem Himmel danken, daß es noch so gut abläuft. (FA, Band 6, S. 284)

Bei Emilia läuft es nicht so gut ab. Zwar haben auch ihre Eltern sie vor der Welt außerhalb der Familie abgeschirmt, aber zugleich haben sie jene Welt als gefährlich dargestellt – anders als die Mutter in dem von Lessing zitierten Beispiel, die ihre Tochter naiv bleiben ließ. Naiv ist zwar auch Emilia, aber nicht im Sinne einer Gutgläubigkeit, sondern im Sinne einer ›Schlechtgläubigkeit‹. Diese lässt sie vor allem männlichen Begehren angstvoll zurückweichen. In ihrer Angst befolgt sie dabei nur die Lektion, allein die geschützte Sphäre der Familie garantiere eine tugendhafte Lebensweise. Wenn ihr also beständig signalisiert wurde, Tugend und Familie seien eins, dann reagiert sie ganz konsequent, wenn sie annimmt, dass sie zugleich von der Tugend abgetrennt werde, wenn sie von der Familie abgetrennt wird. Dies lässt sich ihr zwar als Fehler zurechnen – und insoweit findet sich hier die von Lessing aufgegriffene Bestimmung der aristotelischen *hamartia* (Fehler des dramatischen Helden) wieder –, aber es ist kein von Emilia subjektiv zu verantwortender Fehler, sondern ein in ihrer Erziehung gründender ›objektiver‹ Fehler.

Erst wenn man dies bemerkt, gewinnt auch die Art von Emilias Tod ein hohes Maß an Folgerichtigkeit. Das oft konstatierte Heroentum der sterbenden Tochter ist dann nämlich nicht als Ergebnis ihres plötzlichen Wandels zur »stoischen Heldin« »mit dem Geiste einer Römerin« zu verstehen – so Lessings Zeitgenosse Anton von Klein (zitiert nach Steinmetz, S. 118) –, sondern als die ihr einzig verbliebene integre Handlungsmöglichkeit in einer ansonsten für sie ausweglosen Lage: Emilia glaubt, nur als behütete Tochter tugendhaft sein zu können; doch andererseits weiß sie, dass ihr Vater nicht mehr Garant des familialen Schutzraums ist. Dieses Dilemma löst sie durch ihren Tod. Aber wie schafft sie es, ihren Vater wieder zum Garanten ihrer Tugend zu machen, damit sie in komplementärer Ergänzung dazu wieder die ›fromme‹ und ›gehorsame‹ Tochter sein kann? Dass ihr Tod mehr ist als die bloße Flucht vor einer für sie ausweglosen Situation, zeigt sich in ihrem Bemühen, in der Art ihres Todes das Verhältnis von schützendem Vater und folgsamer Tochter wiederherzustellen. Nicht von ungefähr spielt sie dabei auf die Virginia-Sage an:

> Ehedem wohl gab es einen Vater, der seine Tochter von der Schande zu retten, ihr den ersten den besten Stahl in das Herz senkte – ihr zum Zweiten das Leben gab. Aber alle solche Taten sind von ehedem! Solcher Väter gibt es keinen mehr! (V,7, S. 99)

Bezeichnend ist, auf welche Weise Emilia in ihrer Anspielung die von Livius überlieferte Geschichte der Virginia umdeutet und überdehnt: Dem römischen Vater geht es ja nicht darum, seine Tochter vor der Unkeuschheit zu bewahren, sondern vor der konkreten Unfreiheit. Sie soll Sklavin des Appius Claudius werden und damit ihren politisch-rechtlichen Status als Freie verlieren. Deshalb tötet Virginius sie und ruft damit einen Volksaufstand hervor. Dieses Moment tritt bei Emilia und Odoardo völlig in den Hintergrund. Die Sphäre der Öffentlichkeit wird in die Privatsphäre eines innerfamilialen Disputs zwischen Vater und Tochter transformiert. Darin zeigt sich die veränderte politische Realität eines absolutistischen Staatswesens, in dem beide Bereiche nicht mehr direkt aufeinander bezogen sind.

Ist der römische Vater als unumschränkter Herrscher über die *familia* Inhaber einer *patria potestas*, die seiner rechtlichen Stellung als freier Mann korrespondiert, so ist Odoardo der politisch entmündigte Untertan, der einzig in der Familie den Ort seiner moralischen Existenz sieht, sich angesichts der Übergriffe des Herrschers auf sie jedoch als handlungsohnmächtig erweist. Was Virginia nie hätte tun müssen, da Virginius sein Selbstverständnis als handlungsmächtiges Subjekt durch die Tat bezeugt, muss Emilia tun: Sie muss den Vater zur Tat überreden, da Odoardos Handlungsohnmacht sein paternales Selbstverständnis dementiert. Indem sie dies tut, will sie ihren Vater zur Identifikation mit dem historischen Vorbild zwingen, um auf diese Weise die ihr Selbstverständ-

Peter Liebaug als Odoardo Galotti und Sara Ghersi als Emilia 2003 am Rheinischen Landestheater Neuss (Regie: Astrid Jacob).

nis als Tochter erschütternde Handlungsohnmacht des Vaters zu eliminieren – sogar um den Preis ihrer Selbstvernichtung. Es geht ihr also nicht um die Rettung ihrer »anatomischen Unschuld«, wie Ludwig Börne sarkastisch bemerkt (zitiert nach Steinmetz, S. 247), sondern um die Rettung ihrer ›ideologischen‹ Unschuld als Tochter. Diese aber kann Emilia nur in einer doppelten Paradoxie bewahren: Sie unterwirft sich dem väterlichen Schutz, indem sie Odoardo zum Handeln auffordert, und sie bewahrt sich als ›fromme‹ und ›gehorsame‹ Tochter im Akt ihrer Selbstpreisgabe.

Nur mit der Identität einer Tochter versehen, die der komplementären Ergänzung durch einen beschützenden Vater bedarf, kompensiert sie ihr zerstörtes Vaterbild, indem sie Odoardo, der sie am Hof nicht zu schützen vermag, dazu anstachelt, sie zu töten, und diese Tötung zugleich zur Neuzeugung umdeutet, die »ihr zum Zweiten das Leben« gibt (V,7, S. 99) – wie sie mit Blick auf die überlieferte Geschichte

Die Töchter fühlen sich in diesen Dramen [in den bürgerlichen Trauerspielen des 18. Jahrhunderts] als »große Schuldnerin« des Vaters. Im Begriff »Schuld« schießen für sie moralische, ökonomische, juristische und theologische Aspekte zusammen: Als mögliche »Huren« verlieren sie nicht nur ihre bürgerliche »Tugend« – die Unschuld –, sondern bereiten den Vätern auch »Schande«; sie sind das »Kapital« der Väter, stehen zu diesen in einem klaren autoritären Rechtsverhältnis und sind zudem an einen Übervater, an Gott, gebunden, ihre »Schuld« ist auch »Sünde«.

Auszug aus: Helmut Scheuer: Väter und Töchter. Konfliktmodelle im Familiendrama des 18. und 19. Jahrhunderts. In: Der Deutschunterricht, Heft 46/1994 © 1994 Friedrich Verlag GmbH, Seelze, S. 21.

der Virginia formuliert. Mag mancher hier auch einen »Hauch von Inzest« verspüren (Neumann, S. 49): Bei der frommen Emilia, die kurz vorher noch auf die »Heilige[n]« hinweist, die »in die Fluten« sprangen, um den Verlockungen des Fleisches zu entgehen (V,7, S. 98 f.), liegt der Bezug auf christliche Glaubensinhalte näher. So heißt es im ersten Petrusbrief, Gott habe die Christen »neu geboren, damit wir durch die Auferstehung Jesu Christi von den Toten eine lebende Hoffnung haben« (1. Petrus 1,3). Das, wodurch Odoardos Vaterschaft zerstört wird, nämlich die Unfähigkeit, seine Tochter vor dem feindlichen Übergriff zu schützen, überhöht Emilia auf diese Weise zu dem, was die Vaterschaft begründet, nämlich Leben zu spenden. So wird im Bild des die Tochter umarmenden Vaters und der seine Hand küssenden Tochter noch einmal das familiale Verhältnis von Liebe, Schutz, Gehorsam und Dankbarkeit aufgerufen, aber zugleich in seinen irrealen Momenten offenbar; ist doch die schützende, liebevolle väterliche Umarmung der Tochter zugleich auch die tödliche Umarmung.

V Literaturgeschichtliche Einordnung

Das Drama *Emilia Galotti* ist dem Genre des bürgerlichen Trauerspiels zuzurechnen, das Lessing mit seinem Stück *Miss Sara Sampson* von 1755 selbst in Deutschland etabliert hatte, was eine Zäsur in der deutschen Literaturgeschichte markiert. Mit seinem ersten bürgerlichen Trauerspiel greift Lessing eine literaturgeschichtliche Entwicklung auf, die seit der Mitte des 18. Jahrhunderts verstärkt zu einem Gattungs-Synkretismus (einer Vermischung unterschiedlicher Gattungen) geführt hat. In der um diese Zeit herrschenden Strömung der Empfindsamkeit mit ihrer Aufwertung des Gefühls als einer Quelle der Sittlichkeit nähern sich die von den klassizistischen Poetiken in Figurenbestand, Sprachgestaltung und Handlungsverlauf strikt getrennten Gattungen Komödie und Tragödie einander an. Es entfällt die Ständeklausel; die Helden sind nicht mehr ausschließlich Personen von hohem Rang oder geschichtlicher beziehungsweise mythologischer Repräsentanz, sondern fiktive Figuren, die in aller Regel der sozialen Schicht des Bürgertums oder des niederen Adels angehören. Die Figuren sprechen nicht mehr in Versen, wie es im Trauerspiel bislang verbindlich war, sondern in einer gemäßigten Umgangssprache, die unter dem Vorzeichen der ›Natürlichkeit‹ steht. Auch fühlen sich die Autoren nicht mehr der klassizistischen Regelpoetik mit ihrem Gebot der drei Einheiten verpflichtet, wenngleich diese poetologischen Vorschriften erst im Sturm und Drang radikal negiert werden.

Lessing erläutert 1754 diese aktuelle Entwicklung, die das Dramengeschehen enger mit der Zuschauerwirklichkeit zusammenschließt, in seiner Einleitung zu den von ihm aus dem Französischen und Lateinischen ins Deutsche übersetzten Abhandlungen über das rührende Lustspiel von Pierre-Mathieu Martin de Chassiron (1704–1767) und Christian Fürchtegott Gellert (1715–1769) als »den Einfall, die Welt endlich einmal auch darinne weinen und an stillen Tugenden ein edles Vergnügen finden zu lassen« (FA, Band 3, S. 264). Literaturgeschichtlicher Ausgangspunkt dieser von Lessing beschriebenen Entwicklung zum rührenden Lustspiel und von da aus weiter zum bürgerlichen Trauerspiel ist der Einfluss der englischen *sentimental comedy* und der französischen *comédie larmoyante* – jener ›weinerlichen Komödien‹, deren tugendhafte Helden die Zuschauer zum Mitfühlen einluden.

Ganz anders verhielt es sich in der sächsischen Typenkomödie (auch satirische Verlachkomödie genannt), die die deutschen Bühnen noch in der ersten, rationalistischen Phase der Aufklärung dominierte. Sie folgte den Regeln, die Gottsched in seiner *Critischen Dichtkunst* aufgestellt hatte: Der Bühnendichter soll bestimmte Figuren vorführen, die auf ein kleines Merkmalsbündel hin überzeichnet werden und sich vernunftwidrig und lächerlich verhalten. Die Zuschauer sollen über sie lachen können, um so für sich selbst das entgegengesetzte, normgerechte Verhalten zu akzeptieren. Das von der sächsischen Typenkomödie provozierte ›Verlachen‹ hatte also die moralisch-didaktische Absicht, den Zuschauer dahin zu bringen, das von ihm verlachte Verhalten der unvernünftigen oder lasterhaften Bühnengestalten zu vermeiden, auf dass er in seinem Alltagsleben nicht selbst verlacht werde.

In Deutschland beginnt das rührende Lustspiel, das die sächsische Typen- oder Verlachkomödie ablöst, mit Gellert. Anders als Gottsched, der in seiner Moralphilosophie immer wieder auf die *Vernunft* des Einzelnen als entscheidend für dessen Glück oder Unglück pocht, erhebt Gellert das *Herz* und mit ihm die gesellschaftsabgewandte und gefühlsgesättigte Privatsphäre von Freundschaft, Liebe und Familie zum eigentlichen Ort einer glückhaften Existenz. Insbesondere seine Komödie *Die zärtlichen Schwestern* (1747) erfüllt diese neue Gattungsnorm auf vorbildliche Weise: Tugend und Ernsthaftigkeit auf der Bühne; anstelle des tragischen Scheiterns ein glückliches Ende; Erbauung und Rührung im Parkett; nicht Schrecken und Erschütterung, vielmehr eine gerührte Erleichterung.

Nicht nur im Drama, sondern auch im Roman der Zeit – etwa bei Samuel Richardson (1689–1761), der mit seinen empfindsam-rührenden Briefromanen seinen Lesern in ganz Europa wahre Tränenströme entlockt hat – wurden Figuren ›mittleren‹ Standes, die zuvor lediglich als lächerliche Typen dargestellt worden waren, mehr und mehr zu ernst zu nehmenden Individuen aufgewertet, mit denen man sich identifizieren konnte. Mit der fortschreitenden Ablösung der Typen durch Charaktere im modernen Sinne verliert die Typenkomödie ihre literaturgeschichtliche Relevanz und beginnt der Siegeszug des bürgerlichen Trauerspiels, der in der nachfolgenden Gestalt des sozialen Dramas bis in die klassische Moderne, ja bis in die Gegenwart hineinreicht. Wiederum gingen vor allem von der englischen Literatur entscheidende Impulse für die Entstehung des bürgerlichen Trauerspiels in der Mitte des 18. Jahrhunderts in Deutschland aus; der Titel und das Personal des ersten bedeutenden deutschsprachigen Dramas dieser Art, Lessings *Miss Sara Sampson* (1755), zeugen von dem englischen Einfluss. Ebenso wie die Rührkomödie versucht dabei auch das bürgerliche Trauerspiel Lessing'scher Prägung – obzwar mit anderen, eben tragischen Mitteln –, eine moralische Besserung der Zuschauer durch die emotionale Identifikation mit den Bühnenfiguren zu erreichen.

Das bürgerliche Trauerspiel handelt aus eben diesem Grund vom ›bürgerlichen‹ Schicksal. Dadurch unterscheidet es sich von der klassischen Tragödie, die bis hin zu Gottsched festgelegt war auf die Darstellung des Schicksals von Helden, die aus der Sphäre der Könige oder Fürsten kommen. Ein Grund hierfür war die sogenannte Fallhöhe: Nur wenn der Held sozial sehr hoch steht, wurde argumentiert, könne sein Untergang besonders erschütternd auf das Publikum wirken. Aber das ist nicht alles. Wirkungsziel der Tragödie war die Bewunderung des tragischen Helden. Diese Bewunderung hat einen bestimmten moralischen Sinn. Die tragischen Figuren befördern nämlich, so glaubte man, die moralische Besserung des Zuschauers, indem sie ihm das Beispiel eines idealen Verhaltens geben. Die tragischen Figuren stellen demzufolge ein Tugendideal dar, das der Zuschauer als Vorbild für sein eigenes Handeln betrachten kann. So wie der tragische Held mit seinen Schicksalsschlägen umgeht (er erträgt sie mit stoischer Gelassenheit, ohne sich in seiner Moralität beirren zu lassen), so sollte sich auch der Zuschauer in seinem wirklichen Leben verhalten. Im bürgerlichen Trauerspiel wird diese Wirkung anders gefasst, und das zeigt sich vor allem in einer ausführlichen schriftlichen Diskussion zwischen Lessing, Friedrich Nicolai und Moses Mendelssohn aus den 1750er-Jahren – einer Diskussion, in der Lessing den Standpunkt entwickelt, dass die zentrale Funktion des Dramas darin bestehe, beim Zuschauer Mitleid zu erwecken, um ihn zu bessern. Für Lessing gilt der ethische Grundsatz »Der mitleidigste Mensch ist der beste Mensch« (Briefwechsel, S. 55), und zwar deshalb, weil der Mitleidige in der Lage ist, sich mit seinem Gegenüber und dessen Schicksal zu identifizieren, was die Voraussetzung für moralisches Handeln bilde.

In seiner später verfassten *Hamburgischen Dramaturgie* (1767 bis 1769) hat Lessing diesen Gedanken weitergeführt, indem er auf eine von ihm – zu Unrecht – als korrekt beanspruchte Übersetzung von Aristoteles' wirkungsästhetischen Kategorien *eleos* und *phobos* durch die Begriffe Mitleid und Furcht zurückgriff und die Furcht als die Empfindung bezeichnete, die übrig bleibt, wenn die Vorführung beendet und der Zuschauer wieder auf seine eigene Existenz zurückgeworfen ist:

> Man hat ihn [Aristoteles] falsch verstanden, falsch übersetzt. Er spricht von Mitleid und Furcht, nicht von Mitleid und Schrecken; und seine Furcht ist durchaus nicht die Furcht, welche uns das bevorstehende Übel eines andern, für diesen andern, erweckt, sondern es ist die Furcht, welche aus unserer Ähnlichkeit mit der leidenden Person für uns selbst entspringt; es ist die Furcht, daß die Unglücksfälle, die wir über diese verhänget sehen, uns selbst treffen können; es ist die Furcht, daß wir der bemitleidete Gegenstand selbst werden können. Mit einem Worte: Diese Furcht ist das auf uns selbst bezogene Mitleid. (FA, Band 6, S. 556 f.)

Furcht ist für Lessing ein selbstbezüglicher Affekt. Der Zuschauer hat Furcht um sich selbst; der Held auf der Bühne ist hierfür nur der Auslöser. Damit aber der Held ein solcher Auslöser sein kann, muss der Zuschauer sich mit dem Schicksal des Helden in einem ersten Schritt identifizieren, muss er mit dem tragischen Helden Mitleid haben. Dazu aber habe der tragische Held, wie Lessing sagt, von »gleichem Schrot und Korne« wie der Zuschauer zu sein (FA, Band 6, S. 559). Es bedarf also einer Ähnlichkeitsbeziehung zwischen Bühnenwirklichkeit und Zuschauerwirklichkeit, damit das Geschehen auf der Bühne den Zuschauer nötigt, mit sich selbst eine Erfahrung zu machen. In der Furcht verbindet der Zuschauer das auf der Bühne Gesehene mit sich selbst; er wendet es auf sein eigenes Leben an, indem er in affektiver Betroffenheit das fiktive Geschehen als ein in seiner persönlichen Realität ebenfalls mögliches Geschehen imaginiert. So ist die

Furcht als die emotionale Reflexion auf die eigene Existenz der über das Ende des Trauerspiels und über das Mitleid mit dessen Helden hinausragende Affekt.

Letztlich hat das Trauerspiel also die Funktion, diese Furcht zu erregen; das Mitleid ist nur Mittel zum Zweck. Zwar gilt auch umgekehrt: Nur wo die Furcht herrscht, kann auch das Mitleid herrschen; nur wenn man befürchtet, das Schicksal auf der Bühne könne einen selbst betreffen, hat man auch Mitleid mit dem Helden. Aber nur wenn man das Mitleid mit dem Helden wieder auf sich und die eigene Lebenswirklichkeit zurückbezieht, kann das Drama seine moralische Wirkung im Alltag der Rezipienten entfalten. Daher ist das identifikatorische Mitleid mit dem dramatischen Helden für Lessing nur Durchgangsstadium für die selbstreflexive Furcht, die den Zuschauer vom fremden (fiktiven) Schicksal auf das eigene (reale) zurücklenkt. In der durch diese Furcht erzeugten Betroffenheit soll er erfahren: Das auf der Bühne verhandelte Geschehen betrifft mich. Hierdurch aber wird das Drama für den Zuschauer zu einem Medium der Selbsterfahrung. Es geht also bei dem theatralischen Spiel um Selbstaufklärung im Medium der fiktionalen Darstellung. Im konkreten Fall von *Emilia Galotti* geht es darum, das bürgerliche Publikum zur selbstkritischen Reflexion auf die katastrophenanfälligen Defizite jener damals vielfach propagierten privatistischen Rückzugsmoral zu veranlassen, die allein im kleinfamilialen Bereich außerhalb der Gesellschaft die Möglichkeit eines tugendhaften Lebens sieht.

VI Rezeption

Gleich mit der Uraufführung des Dramas am 13. März 1772 in Braunschweig beginnt seine Erfolgsgeschichte. Das Publikum ist begeistert, rasch folgen Aufführungen im ganzen Deutschen Reich, von Danzig bis Wien. Viele zeitgenössische Zuschauer und Leser reagieren geradezu enthusiastisch. Signifikanter Ausdruck hierfür ist, dass Lessing in dieser ersten Rezeptionsphase der *Emilia Galotti* wiederholt mit Shakespeare verglichen wird, so etwa von Johann Arnold Ebert, Johann Wilhelm Ludwig Gleim, Moses Wessely, aber auch von anonymen Rezensenten. Shakespeare, dessen Werke man damals dem Drama des französischen Klassizismus gegenüberstellte, galt als Paradigma einer neuen Dramenästhetik, die anstelle künstlicher Regeln die ›Natur‹ zum Maßstab nahm. Lessing selbst hatte Shakespeare in dieser Weise als Vorbild für das deutsche Theater reklamiert, und die junge Generation der Stürmer und Dränger folgte ihm hierin. So zielte auch der enthusiastische Vergleich zwischen Shakespeare und Lessing darauf ab, dessen Dramen und vor allem die *Emilia Galotti* – im Gegensatz zum französischen Regeldrama – als Gestaltung ›wahrer‹, ›natürlicher‹ Charaktere und Handlungszusammenhänge zu preisen.

Andererseits gab es von Anfang an auch Stimmen, die sich kritisch über das Trauerspiel äußerten. Das zeigt sich allein schon an der verteidigenden Haltung, aus der heraus viele Lobeserhebungen des Stücks geschrieben sind. Zu lesen ist unter anderem, *Emilia Galotti* sei gleichsam zu früh erschienen, das Publikum noch nicht reif dafür. Kritik wird aber auch in direkter Weise laut. Der Rezensent Jakob Mauvillon etwa listet bereits 1772 mehrere »Hauptfehler« des Stücks auf (zitiert nach Steinmetz, S. 93) und reiht sich damit in eine breit geführte und lang anhaltende Debatte um Folgerichtigkeit,

Plausibilität und Motivierung der Figuren sowie des ganzen Dramengeschehens ein. Vor allem beschäftigt die Kritiker dabei die bis heute virulente Frage nach dem Grund von Emilias Tod. So schreibt Johann Jost Anton vom Hagen in seiner Besprechung von 1773: »Der Charakter der Emilia ist verzeichnet [...], daß sie sterben muste, finde ich nicht nothwendig genung; sie stirbt, um mich eines Leßingischen Ausdrucks zu bedienen, am fünften Akt.« (Zitiert nach FA, Band 7, S. 908) Die kritische Sicht auf Lessings Drama fand ihren Höhepunkt dann über zwanzig Jahre später in Friedrich Schlegels (1772–1829) Einschätzung von 1797, *Emilia Galotti* sei ein ganz und gar konstruiertes Drama, das sich aber bei näherer Betrachtung als inkonsistent erweise: »Es ist in der Tat unendlich viel Verstand darin, nämlich prosaischer, ja sogar Geist und Witz. Gräbt man aber tiefer, so zerreißt und streitet alles, was auf der Oberfläche so vernünftig zusammenzuhängen schien.« (Zitiert nach Steinmetz, S. 182)

Auffällig ist, dass die zeitgenössische Literaturkritik sich vorwiegend auf Fragen der Figurengestaltung und Handlungsführung konzentrierte, die fürsten- beziehungsweise ständekritische Dimension des Stücks dagegen weitgehend ausblendete. Lessing selbst hatte ja – bezeichnenderweise gegenüber seinem Herzog – betont, sein Trauerspiel sei eine von allem politischen Interesse absehende Modernisierung des Virginia-Stoffes. Zwar gab es Äußerungen, die direkt nach Erscheinen des Stücks betonten, es enthalte eine deutliche Kritik an Willkür und Unmoral absolutistischer Fürstengewalt, doch finden sich solche Aussagen eher in privaten Briefen von Personen, mit denen Lessing vertrauten Umgang pflegte, wie seinem Bruder Karl oder dem Freund Friedrich Nicolai. Explizit als »Prinzenfabel« wird *Emilia Galotti* erst 1802 von Johann Gottfried Herder (1744–1803) in seiner *Adrastae* gedeutet; und im Rückblick seiner Autobiographie *Dich-*

tung und Wahrheit von 1814 spricht Goethe sogar davon, Lessing habe mit seinem Stück, »dem aufgeregten Zeitsinne« entsprechend, den »entschiedensten Schritt« dazu getan, »die höheren Stände herabzusetzen und sie mehr oder weniger anzutasten« (zitiert nach FA, Band 7, S. 926 f.). Nach einer solchen Lesart wird durch das Drama nicht nur das moralische Fehlverhalten eines einzelnen Prinzen verurteilt, sondern das gesamte System des Ständestaates infrage gestellt.

Die problematisierende Grenzziehung zwischen Aufklärung und Absolutismus wird von den sozialkritischen Dramen des Sturm und Drang fortgeschrieben, die nur wenige Jahre später erscheinen und in Form und Inhalt Lessings Vorgaben radikalisieren. Insgesamt zeichnet sich dabei eine Hinwendung zum offenen Dramentypus ab: Die dramatische Sprache nähert sich der dialektgefärbten Umgangssprache, sucht das Mündliche nachzuahmen, und die Einheiten von Zeit, Ort und Handlung werden in entschiedener Weise verabschiedet. Hinzu kommt der offenkundigere Zeitbezug vieler Sturm-und-Drang-Dramen. Lessing versetzt das Geschehen seiner *Emilia Galotti* noch in ein zeitlich und räumlich fernes italienisches Fürstentum, die Stürmer und Dränger hingegen schaffen Dramen, die direkt die Gegenwart der damaligen Zuschauer in sozialkritischer Manier inszenieren. Insbesondere Jakob Michael Reinhold Lenz (1751–1792) mit seiner Tragikomödie *Die Soldaten* (1776) sowie Heinrich Leopold Wagner (1747–1779) mit seinem Trauerspiel *Die Kindermörderin* (1776), aber auch Goethe mit seinem *Clavigo* (1774) und seinem *Urfaust* (1772–75) thematisieren den schwierigen Übergang einer Tochter von der Herkunfts- in die Zeugungsfamilie. Dabei zeigen sie, was passiert, wenn sie sich (mehr oder minder freiwillig) auf einen Mann einlässt, dann aber nicht in die gesellschaftlich anerkannte Rolle einer Ehefrau kommt, was bis zum Kindsmord führen kann.

Der junge Schiller, der Spätling unter den Stürmern und Drängern, der seine dramatische Laufbahn erst begann, als die kurze Epoche des Sturm und Drang ihre produktive Zeit eigentlich schon hinter sich hatte, greift mit seinem bürgerlichen Trauerspiel *Kabale und Liebe* (1783) in Personenbestand und Konfliktlagen ganz dezidiert auf Lessings Drama zurück. Allerdings legt er stärkeres Gewicht auf das Gewaltpotenzial der Liebe selbst, wobei die Intrigen des Hofes nur verstärken, was zwischen den beiden Liebenden schon im Spannungsverhältnis von Selbstbehauptung und Unterwerfung angelegt ist. In der Folge wird der Standeskonflikt im bürgerlichen Trauerspiel und im sozialen Drama, angefangen bei Friedrich Hebbels *Maria Magdalena* (1843) über Arthur Schnitzlers *Liebelei* (1895) und Ödön von Horváths *Geschichten aus dem Wiener Wald* (1931) bis hin zu Franz Xaver Kroetz' *Maria Magdalena* (1973) und Jon Fosses *Der Name* (1995) zunehmend aus dem Zentrum des dramatischen Geschehens gerückt, indem die Liebesbeziehungen stärker in ihrer sozialen und psychischen Vermittlung bestimmt werden.

Neben den Nachklängen von *Emilia Galotti* im bürgerlichen Trauerspiel und sozialen Drama sind auch einige literarische Parodien, Nachahmungen und Fortsetzungen des Stücks zu nennen: Anton Matthias Sprickmanns *Eulalia* von 1777, Johann Jakob Bodmers Parodie *Odoardo Galotti, Vater der Emilia* von 1778, Wilhelm von Ramdohrs *Odoardo Galotti und seine Tochter* von 1779, das 1802 anonym erschienene Drama *Bianka. Seitenstück zur Emilia Galotti* sowie Gustav Anton von Seckendorffs *Orsina* von 1815.

Literaturgeschichtlich bedeutsam ist überdies die zeitgenössische intertextuelle Bezugnahme auf Lessings Trauerspiel am Ende von Goethes Briefroman *Die Leiden des jungen Wer-*

Pascal Ulli als Marinelli und Felix Lampe als Hettore in »Emilia« (Deutschland, 2005) von Henrik Pfeifer (Drehbuch und Regie).

thers (1774): Als Werther am Tag nach seinem Suizid gefunden wird, liegt *Emilia Galotti* aufgeschlagen auf seinem Lesepult. Signalisiert wird hiermit, dass Werther unter einem ähnlichen Problem leidet wie Emilia und dass er auch in ähnlicher Weise wie sie die Sexualität um den Preis des Lebens negiert.

Besonders wirkungsmächtig ist Lessings Tragödie aber bis in die Gegenwart hinein als Bühnenstück geblieben. Eine der wichtigsten modernen Inszenierungen ist die von Max Reinhardt, die 1913 in Berlin über die Bühne ging und durch zahlreiche Fotos dokumentiert wurde. Reinhardt gilt als einer der ersten Regisseure, die sich im 20. Jahrhundert auf die beziehungspsychologischen Aspekte konzentrierten. Berühmt ist ferner Gustav Gründgens' Berliner Inszenierung von 1936, also während der NS-Zeit, in der *Emilia Galotti* weiterhin gespielt werden durfte (im Gegensatz zum Versöhnungsdrama *Nathan der Weise*, dessen Titelfigur ja ein Jude ist).

Die Inszenierungen in der DDR rückten, gemäß der kommunistischen Staatsideologie, hauptsächlich die Kritik an der fürstlichen Herrscherwillkür in den Vordergrund. Im ›westlichen‹ deutschsprachigen Raum ist vor allem Fritz Kortners legendäre Inszenierung der *Emilia Galotti* in Wien 1970 (mit Klaus Maria Brandauer als Hettore Gonzaga) zu erwähnen, in der erstmals größeres Gewicht auf das Gewaltpotenzial von Odoardos Tugendstrenge und damit auch auf die Kritik an der bürgerlichen Ideologie gelegt wurde. Unter den zahlreichen Inszenierungen in neuerer Zeit ragen insbesondere diejenigen von Thomas Langhoff an den Münchner Kammerspielen 1984, von Michael Thalheimer 2001 in Berlin (vgl. das Covermotiv und die Abbildung auf Seite 41 dieses Bands) und von Andrea Breth am Akademietheater in Wien 2002 (mit Johanna Wokalek als Emilia, vgl. die Abbildungen auf den Seiten 39, 49, 61 und 87 dieses Bands) heraus.

Darüber hinaus wurde das Stück mehrfach verfilmt, zuerst 1913 unter der Regie von Friedrich Fehér, später auch in der DDR durch Martin Hellberg in einer DEFA-Produktion von 1958. Die deutsch-österreichische Koproduktion *Emilia* von 2004 (Regie: Henrik Pfeifer, vgl. die Abbildung auf Seite 121 dieses Bands) verlegt die Handlung in die Gegenwart und ändert sie deshalb etwas ab: Hettore, ein erfolgreicher Schauspieler, der gerade den Prinzen aus Lessings *Emilia Galotti* spielt, gerät auch im wahren Leben in dessen Rolle, indem er sich in die lebenslustige, jedoch bereits mit dem Anwalt Appiani verlobte Emilia verliebt, die er in einem Nachtclub kennenlernt. Sein skrupelloser Manager Marinelli inszeniert daraufhin einen Überfall auf die Hochzeitslimousine des Brautpaars, bei dem Appiani ums Leben kommt … Der Film baut auf die Wirkung von Rocksongs, vertraut aber zugleich auf die Sprache Lessings.

Auswahlbibliographie

Ausgaben

LESSING, GOTTHOLD EPHRAIM: Emilia Galotti. Textausgabe mit Materialien, erarbeitet von BRIGITTE NOLL. Braunschweig: Schroedel Verlag 2009 (Texte. Medien).
Nach dieser Ausgabe wird das Drama zitiert; die Zitate lassen sich auch in anderen Ausgaben leicht auffinden, da vor den Seitenzahlen auch der jeweilige Aufzug und Auftritt genannt wird.

LESSING, GOTTHOLD EPHRAIM: Emilia Galotti. Werke 1770 – 1773. Herausgegeben von KLAUS BOHNEN. Frankfurt am Main: Deutscher Klassiker Verlag 2000 (zitiert als: FA, Band 7).

Weitere Quellen

LESSING, GOTTHOLD EPHRAIM; MOSES MENDELSSOHN; FRIEDRICH NICOLAI: Briefwechsel über das Trauerspiel. Herausgegeben und kommentiert von JOCHEN SCHULTE-SASSE. München: Winkler Verlag 1972 (zitiert als: Briefwechsel).

LESSING, GOTTHOLD EPHRAIM: Werke und Briefe. Herausgegeben von WILFRIED BARNER zusammen mit KLAUS BOHNEN, GUNTER E. GRIMM, HELMUTH KIESEL, ARNO SCHIELSON, JÜRGEN STENZEL und CONRAD WIEDEMANN. Frankfurt am Main: Deutscher Klassiker Verlag 1985 – 2003 (zitiert als: FA).

BRAUN, JULIUS W. (Hrsg.): Lessing im Urtheile seiner Zeitgenossen. Zeitungskritiken, Berichte und Notizen, Lessing und seine Werke betreffend, aus den Jahren 1747–1781. Bände 1–3. Berlin 1884 bis 1897. Neudruck: Hildesheim: Georg Olms Verlag 1969.

DAUNICHT, RICHARD (Hrsg.): Lessing im Gespräch. Berichte und Urteile von Freunden und Zeitgenossen. München: Wilhelm Fink Verlag 1971 (zitiert als: Daunicht).

MÜLLER, JAN DIRK: Gotthold Ephraim Lessing: Emilia Galotti. Erläuterungen und Dokumente. Stuttgart: Reclam Verlag 1971 (zitiert als: ED).

STEINMETZ, HORST (Hrsg.): Lessing – ein unpoetischer Dichter. Dokumente aus drei Jahrhunderten zur Wirkungsgeschichte Lessings in Deutschland. Frankfurt am Main, Bonn: Athenäum Verlag 1969 (zitiert als: Steinmetz).

Gesamtdarstellungen zu Gotthold Ephraim Lessing

BARNER, WILFRIED; GUNTER GRIMM; HELMUTH KIESEL; MARTIN KRAMER: Lessing. Epoche – Werk – Wirkung. 6. Auflage. München: Verlag C. H. Beck 1998.

FICK, MONIKA: Lessing Handbuch. Leben – Werk – Wirkung. 2. Auflage. Stuttgart, Weimar: Verlag J. B. Metzler 2004.

HILDEBRANDT, DIETER: Lessing. Eine Biographie. Reinbek bei Hamburg: Rowohlt Taschenbuch Verlag 1990.

JUNG, WERNER: Gotthold Ephraim Lessing. Paderborn: Wilhelm Fink Verlag 2010 (UTB Profile).

NISBET, HUGH BARR: Lessing. Eine Biographie. Aus dem Englischen übersetzt von Karl S. Guthke. München: Verlag C. H. Beck 2008.

Darstellungen zu Lessings »Emilia Galotti«

ALT, PETER-ANDRÉ: Tragödie der Aufklärung. Eine Einführung. Tübingen, Basel: Francke Verlag 1994, S. 251–270.

EIBL, KARL: Identitätskrise und Diskurs. Zur thematischen Kontinuität von Lessings Dramatik. In: Jahrbuch der Deutschen Schillergesellschaft 21 (1977), S. 138–191.

FICK, MONIKA: Verworrene Rezeptionen. Lessings »Emilia Galotti«. In: Jahrbuch der Deutschen Schillergesellschaft 37 (1993), S. 139 bis 163.

LÜTZELER, PAUL MICHAEL: Lessings »Emilia Galotti« und »Minna von Barnhelm«: Der Adel zwischen Aufklärung und Absolutismus. In: Legitimationskrisen des deutschen Adels 1200–1900. Herausgegeben von PETER UWE HOHENDAHL und PAUL MICHAEL LÜTZELER. Stuttgart: Verlag J. B. Metzler 1979, S. 101–118.

Mauser, Wolfram: »Ich stehe für nichts«. Zur Uraufführung von G. E. Lessings »Emilia Galotti« am Hoftheater zu Braunschweig. In: 300 Jahre Theater in Braunschweig 1690–1990. Braunschweig: J. H. Meyer Verlag 1990, S. 177–194 (zitiert als: Mauser).

Neumann, Peter Horst: Der Preis der Mündigkeit. Über Lessings Dramen. Anhang: Über Fanny Hill. Stuttgart: Verlag Klett-Cotta 1977 (zitiert als: Neumann).

Prutti, Brigitte: Bild und Körper: Weibliche Präsenz und Geschlechterbeziehungen in Lessings Dramen: »Emilia Galotti« und »Minna von Barnhelm«. Würzburg: Verlag Königshausen & Neumann 1996, S. 146–330.

Sanna, Simonetta: Lessings »Emilia Galotti«. Die Figuren des Dramas im Spannungsfeld von Moral und Politik. Tübingen: Max Niemeyer Verlag 1988.

Sasse, Günter: Die Ordnung der Gefühle. Das Drama der Liebesheirat im 18. Jahrhundert. Darmstadt: Wissenschaftliche Buchgesellschaft 1996 (zitiert als: Saße).

Schröder, Jürgen: Gotthold Ephraim Lessing. Sprache und Drama. München: Wilhem Fink Verlag 1972 (zitiert als: Schröder).

Schulte-Sasse, Jochen: Literarische Struktur und historisch-sozialer Kontext. Zum Beispiel Lessings »Emilia Galotti«. Paderborn: Verlag Ferdinand Schöningh 1975.

Ter-Nedden, Gisbert: Lessings Trauerspiele. Der Ursprung des modernen Dramas aus dem Geist der Kritik. Stuttgart: Verlag J. B. Metzler 1986 (zitiert als: Ter-Nedden).

Wilms, Wilfried: Im Griff des Politischen – Konfliktfähigkeit und Vaterwerdung in »Emilia Galotti«. In: Deutsche Vierteljahrsschrift für Literaturwissenschaft und Geistesgeschichte 76 (2002), S. 50–75.

Wurst, Karin A.: Familiale Liebe ist die ›wahre Gewalt‹. Die Repräsentation der Familie in G. E. Lessings dramatischem Werk. Amsterdam: Rodopi 1988.

Über die Autoren

Sebastian Kaufmann studierte in Freiburg im Breisgau Alte Geschichte, Philosophie und Neuere deutsche Literaturgeschichte. Promotion 2011 in Freiburg mit einer Studie über Goethes poetologische Lyrik. Seit 2007 als Akademischer Mitarbeiter am Deutschen Seminar der Universität Freiburg tätig. Schwerpunkte in Forschung und Lehre: Literatur des 18. und 19. Jahrhunderts sowie der klassischen Moderne; Ästhetik und Poetik; Beziehungen zwischen Literatur und Philosophie. Verfasser von Aufsätzen zu philosophischen und literaturgeschichtlichen Themen von der Antike bis zum 20. Jahrhundert. Mitherausgeber eines Sammelbands zum kunsttheoretischen und literarischen Werk Goethes (*Wechselleben der Weltgegenstände*, 2010). Derzeit Arbeit an einer Habilitationsschrift über die Ästhetik nach dem ›Ende der Kunst‹.

Günter Saße studierte Germanistik, Philosophie und Geographie in Kiel und Freiburg im Breisgau. Promotion in Freiburg 1976 mit einer Untersuchung zur Sprachkritik der Moderne. Habilitation in Göttingen 1984 mit einer Arbeit über das familiale Wertesystem im Drama der Aufklärung. Von 1974 bis 1985 Hochschullehrer an der Universität Göttingen, von 1986 bis zur Pensionierung 2011 Lehrstuhlinhaber für Neuere deutsche Literaturgeschichte am Deutschen Seminar der Universität Freiburg. Arbeitsschwerpunkte: Literatur vom 18. bis zum 20. Jahrhundert, Literaturtheorie, Theater und Drama, Goethe-Forschung. Verfasser von Monographien zu Lessings *Minna von Barnhelm* (1993), zum Drama der Liebesheirat im 18. Jahrhundert (1996) und zu Goethes Altersroman *Wilhelm Meisters Wanderjahre* (2010) sowie von zahlreichen Aufsätzen zu Autoren und Werken vom 17. Jahrhundert bis zur klassischen Moderne. Herausgeber und Mitherausgeber mehrerer

Sammelbände (*Handeln, Sprechen und Erkennen*, 1978; *Streitkultur*, 1993; *E. T. A. Hoffmann*, 2004; *Schiller*, 2005; *Arthur Schnitzler*, 2007; *Streit*, 2007/08; *Gottfried Benn – Bertolt Brecht*, 2009). Zurzeit Arbeit an einer Lessing-Werkbiographie.

Bildquellenverzeichnis

Titelbild: Regine Zimmermann als Emilia Galotti und Sven Lehmann als Prinz Hettore Gonzaga in Michael Thalheimers Inszenierung von Lessings »Emilia Galotti« am Deutschen Theater Berlin (Premiere: 27. September 2001). Foto: Iko Freese / DRAMA

S. 9: © bpk (Bildarchiv Preußischer Kulturbesitz)

S. 13: Bridgeman, Berlin

S. 16: © Herzog August Bibliothek Wolfenbüttel

S. 29: © Picture-Alliance / akg-images

S. 32: © Lessing-Akademie e. V., Wolfenbüttel

S. 39, 49, 61 und 87: © Bernd Uhlig, Berlin

S. 41: © Iko Freese / DRAMA

S. 71: © ullstein bild – Heinz Köster

S. 79: © Klaus Fröhlich, Essen

S. 99: © Hans Jörg Michel, Mannheim

S. 109: © Alex Büttner, Düsseldorf

S. 121: © spielplatzfilme GmbH, Zürich. Foto: Olivier Kolb

Bereits erschienen:

Alfred Andersch: *Sansibar oder der letzte Grund* (47726)
Bertolt Brecht: *Leben des Galilei* (47702)
Georg Büchner: *Dantons Tod* (47719)
Georg Büchner: *Woyzeck* (47708)
Friedrich Dürrenmatt: *Der Besuch der alten Dame* (47706)
Friedrich Dürrenmatt: *Die Physiker* (47712)
Theodor Fontane: *Effi Briest* (47707)
Theodor Fontane: *Irrungen, Wirrungen* (47722)
Max Frisch: *Homo faber* (47718)
Johann Wolfgang von Goethe: *Die Leiden des jungen Werther* (47701)
Johann Wolfgang von Goethe: *Faust I* (47721)
Johann Wolfgang von Goethe: *Iphigenie auf Tauris* (47715)
Franz Kafka: *Der Proceß* (47703)
Franz Kafka: *Die Verwandlung* (47727)
Heinrich von Kleist: *Das Erdbeben in Chili* (47709)
Heinrich von Kleist: *Michael Kohlhaas* (47705)
Heinrich von Kleist: *Prinz Friedrich von Homburg* (47713)
Wolfgang Koeppen: *Tauben im Gras* (47714)
Christian Kracht: *Faserland* (47729)
Thomas Mann: *Buddenbrooks* (47716)
Thomas Mann: *Der Tod in Venedig* (47728)
Thomas Mann: *Mario und der Zauberer* (47717)
Friedrich Schiller: *Don Karlos* (47704)
Friedrich Schiller: *Kabale und Liebe* (47723)
Friedrich Schiller: *Maria Stuart* (47700)
Arthur Schnitzler: *Leutnant Gustl* (47710)
Arthur Schnitzler: *Traumnovelle* (47711)
Peter Stamm: *Agnes* (47720)

Folgende weitere Bände der Reihe »Schroedel Interpretationen« erscheinen 2012 und 2013:

Günter Grass: *Im Krebsgang* (47730; Herbst 2012)
E. T. A. Hoffmann: *Der Sandmann* (47725; Frühjahr 2013)
Daniel Kehlmann: *Die Vermessung der Welt* (47736; Sommer 2013)
Heinrich von Kleist: *Die Marquise von O…* (47734; Anfang 2013)
Gotthold Ephraim Lessing: *Nathan der Weise* (47732; Sommer 2013)
Joseph Roth: *Hiob* (47731; Ende 2012)
Friedrich Schiller: *Die Jungfrau von Orleans* (47737; Ende 2012)
Sophokles: *Antigone* (47735; Frühjahr 2013)

Inhaltsverzeichnisse und **Probeseiten** finden Sie unter: http://www.schroedel.de/Interpretationen

Eine Auswahl von Lektüren der Reihe Texte.Medien (Textausgaben mit Materialien)

Die einzelnen Bände werden jeweils durch **Arbeitshefte**, **Informationen für Lehrerinnen und Lehrer** und zum Teil **mediales Zusatzangebot** ergänzt:

Georg Büchner: *Dantons Tod* (47022)
Georg Büchner: *Woyzeck* (47028)
Johann Wolfgang von Goethe: *Faust. Der Tragödie erster Teil* (47009)
Johann Wolfgang von Goethe: *Iphigenie auf Tauris* (47422)
Heinrich von Kleist: *Michael Kohlhaas* (47027)
Friedrich Schiller: *Kabale und Liebe* (47423)
Arthur Schnitzler: *Traumnovelle* (47006)

Weitere Titel sowie eine Übersicht zu geplanten neuen Textausgaben finden Sie unter: www.schroedel.de/textemedien